電力労働者のたたかいと歌の力

職場に憲法の風を

中村浩爾
田中幸世
編著

かもがわ出版

まえがき

本書は、「電力労働者のたたかいとうたごえ研究会」の四年にわたる研究成果をまとめたものである。研究会は、二〇一四年十月、本書編者の一人である田中の呼びかけで、「労働者のたたかいの記憶は風化させてはならない。中でもたたかいの中で創られた『うた』は、公式記録や数字には表せない労働者の魂の記録であり、たたかいの綴り方であるといえる。労働運動の一つの歴史が現在だけではなく後世にも資することを期待して、それらを世に問う」ことを目的に、元争議団の有志七名と研究者二名によって発足した。本書では、書名の通り、電力労働者のたたかいと創作された「うた」の数々およびそれらの「うた」がたたかいに果たした役割を取り上げた。

＊原則として、ひらがなで表記した「うたごえ」はうたごえ運動を、「うた」は運動の中で生まれた創作曲を、「たたかい」は文化も含めた幅広い意味を示し、一般的な歌声、歌、闘いと区別した。また、敬称は引用文と第2部第3章以外は割愛した。

本書の電力労働者のたたかいとは、一九六九年～一九九九年までの東京電力、中部電力、関西電力の三電力の労働者がそれぞれの企業に対して「思想の自由」を求めた「人権侵害・差別」撤廃のたたかいである。原告たちは、賃金差別・昇格差別や遠隔地への配転はいうに及ばず、職制の厳しい監視下で、関電最高裁判決が、「職場における自由な人間関係を形成する自由を侵害してはならない」と述べざるをえないほど、職場や社宅で村八分の状態におかれていた（豊川論文・鈴木論文参照）。たたかいは、裁判を武器として、「職場けたのである。

に憲法の風を！」を合言葉に、広範な運動によって巨大な資本に勝利したが、提訴から解決まで、東電一九年、中電二十二年、関電三十年の長きにわたった。原告・争議団、弁護団はこのたたかいに人生の大半をかけたのである。

憲法九七条〔基本的人権の本質〕には、「この憲法が日本国民に保障する基本的人権は、人類の多年にわたる自由獲得の成果であつて、これらの権利は、過去幾多の試練に堪へ、現在及び将来の国民に対し、侵すことのできない永久の権利として信託されたものである」とある。しかし、現実はこのように美しくはない。労働者の人権は、利益追求に手段を選ばない資本主義とそれを支えた社会に根強く存在する前近代的イデオロギーによって絶えず侵され、改悪されてきた。労働組合が大きな社会的影響力を持つようになればなるほど、それをおさえる政府・資本の圧力も熾烈をきわめた。そのような中で、争議団は、憲法の旗を掲げ、辛酸をなめながらも「幾多の試練」をのり越え、先人たちの「自由獲得の成果」の列に連なったのである。特筆すべきは、東電一七一人、中電九〇人、関電六八人の原告をかかえる多人数のたたかいであったにもかかわらず、ひとりとして戦列から離脱しなかったことである。それに果たした文化、中でも「うた」の役割は計り知れない。

電力労働者の「うた」は、うたごえ運動に依拠している。「歌の力」の分析は中村論文を見ていただきたいが、音楽、中でも歌は洋の東西を問わず、いつの時代にもさまざまに使われており、民衆に与みするとは限らない。しかし、うたごえ運動は、戦後平和憲法の下、その時々の社会問題をとりあげ、「うたごえは平和の力」、「うたはたたかいとともに」をスローガンに、社会運動の側面を持ちつつ、民衆の立場での音楽活動を展開した。電力のたたかいにおいても、争議団（員）は、うたごえ運動の支援や専門家の協力の下で、自らの手で日々の思いを多くの「うた」にした。それらのうたは「労働者のたたかいの綴り方」であり「労働者の良心の記録」である。創作されたうたの数々は、音楽的豊かさだけではなく、平和と自由を求め続けてきた民衆の文化の原点を示している。

争議団のうたごえは、地域住民の公害反対運動、原発反対運動、労働運動、平和運動等との連帯の力となって大きな役割を果たした。それとともに「蟻が巨象と四つに組んだ」と言われた強大な企業とのたたかいの中で、ともすればイデオロギーや方法論、地域性や感性の違いなどによって意見の違いが激しくなり、バラバラになりがちな集団を団結に向けるためにさまざまな局面で働いたのである。

しかし、三電力最後の関電争議の勝利から二十年近く経った今、労働運動は弱体化し、一般には労働者という言葉さえほとんど聞かれなくなった。

この状況を踏まえつつ、本研究会は四年間で一五回の例会を持った。

研究会のメンバーは東京から兵庫までの七都府県にわたる。それぞれ現役で活躍し、活動家として、理論家として、アーティストとして、地域で、仕事で、農業で、合唱団で、民主団体で、重責を負いながら研究会を続けてきた。このような研究会が当初の目的を達成できたのは稀有なことだと言われるが、それには多くの条件が重なっていた。まず争議終結後二〇年近い年月を経て、たたかいが風化させられていく状況にあったことがある。公式記録として残された各争議団の総括集は充実した深い内容を持ってはいるが、私家版であったこともあり、もはや入手が不可能になっていた。たたかいの記録を何らかの形で現代にも次世代にも役立てたいという思いが争議関係者全員の中にあった。そして二〇年の歳月は、たたかいをノスタルジックに美化するのではなく客観化できるようになっていたことである。次に、これは非常に大きい要素であるが、今ならまだたたかいの中核にいた人たちの生の声を残すことが可能であり、電力争議団ＯＢ、支援者、研究者、弁護士、うたごえ関係者などから具体的で強力な支援がえられる情況にあった。しかも、今もなお毎年一〇〇人余りが集う争議団ＯＢ会が存在し、各地での活動を交流し、新しい電力問題などを学びあっていることである。

上記を踏まえて、本書は下記の通り構成した。

第1部「たたかいの諸側面」は理論編として下記の三論文を掲載した。

第1章「『労働運動』とうたごえ」は、編者の一人である中村浩爾が労働運動から歌が消えた諸要因について分析し、労働運動とうたごえの課題を明らかにし、第2章「人間の尊厳を擁護した電力労働者のたたかい—関電を中心として—」は、豊川義明がたたかいの法的側面に焦点を当て、関電最高裁の判決の意義の大きさと国際的連帯、そして今後の展望をも含めた論文を寄稿した。豊川は、関電弁護団の中心的メンバーとして最後まで争議にかかわり、たたかいを勝利に導いたひとりである。第3章「三電力のたたかいの真髄」は、鈴木章治が戦後の労働運動の高揚期に産業別組合「電産」の果たした役割とその影響を恐れたＧＨＱにはじまる権力と企業の反共労務政策について書いた。

第2部「たたかいとうたごえ」は、本書の核をなしている。元争議団原告であり、電力のうたごえを担ってきたメンバーを中心に執筆した。

第1章では、三電力の文化の取り組みとそれがたたかいに果たした具体的な役割と意義を書いた。

第1節は、太田春男が東電合唱団について、第2節は刈谷隆が中電争議における文化活動の意義について、第3節は勝功雄が関西電力による企業の具体的な攻撃と関電争議に至る経過およびそれに対抗するうたごえの力とたたかう仲間の連帯ついて書いた。第2章「電力のうたごえ」は、創作曲の数々を紹介した。膨大な創作曲から二十七曲を選び、砂野宏、太田春男、勝功雄、刈谷隆、出木みつる、山崎昭広が曲の解説とその時々の思いをつづり、田中幸世がそれらをまとめた。これらの「うた」は、「たたかいの綴り方」ともいうべきものであり、公式記録では表せない魂の記録である。

本書に掲載するにあたって、当初二十五曲を予定したが、それぞれに深い思いがあり研究会では決められず、最終的には、電力争議団のOB百数十名へのアンケートの結果と研究会会員の希望によって二十七曲を決定した。アンケートには「たたかいとうた」への思い出だけではなく、次世代へのメッセージなどが数多く寄せられた。争議終了後二〇年以上経った現在も、たたかいの記憶が歌とともに深く刻み込まれており、たたかいは決して過去のものではなく、争議団員や支援者の少なからぬ人々が、今もなお労働運動だけではなく、多方面で「人権と平和を守るたたかいの砦」として活動を続けていることが示されていた。紙数の都合でその意を汲んだ解説を書くにとどめざるをえなかったが、いつか、なんらかの形で公表できればと思っている。各曲の楽譜は、主として『中電人権争議　創作曲と愛唱歌集』、東電合唱団および阪神センター合唱団のコンサート曲集に依拠しているが、若干の記譜に間違いがあり、山崎昭広、勝功雄が多田泉氏（作編曲家&DTM：尼崎在住）の協力をえて修正したものを掲載した。

第3章「連帯と共鳴と」は、ともに闘った支援者からの本書出版へのエールである。これら多くの方々との協働があったからこそ、電力のたたかいの文化が花開いたのだということを痛感する。

第3部「たたかいがのこしたもの――電力改革へつながる道」は、争議後の展望を示した。一、二章は共に速水二郎・坂東通信による共著である。

第1章「電力労働運動近畿センターの設立と活動」は、関西における電力問題の前史と電力企業の形成過程を歴史的にとらえ、そして争議後の運動の拠点である「電力労働運動近畿センター」（関西各府県に設立した大阪・兵庫・和歌山・京滋・陸海の各地域センターの協議機関）の活動を述べ、勝利和解は一つの通過点であり、たたかいはより大きく広がって現在にも続いていることを述べている。（各センターは、三電力最後の勝利である関電争議団の和解金の拠出によって実現したものである）。第2章「関電争議勝利は原発依存やめさせる道の一里塚」は、争議団が早くから警鐘を鳴らし続けていた電力企業の原発依存体質批判と新しいエネルギー創造への展望を書いている。また二〇二〇年からの発送電分離についても言及し、電力労働者の立場から原発依存体質からの脱却と、最高裁判決に依拠した働きやすい職場づくりへの展望を語っている。

以上に見られるように、労働者が人間らしく生きていくためには、どのような形であれ、必ず団結しなければならないということ、そしてそこには文化がしっかり根づいていなければならず、豊かな文化は労働者の団結のために働くということを示している。とはいえ、働く者の団結が時代にふさわしい新しい形で大きな力になるのは、今かもしれないし、我々亡き後かもしれない。その時には、労働運動は今のような形をしているかどうかわからないし、どのような文化が花開き労働者の力になるのかはわからない。しかし、働く者が人間らしく生きていくために団結する時は必ずくると信じ、本書がそれに少しでも役立つことができることを願っている。

田中　幸世

電力労働者のたたかいと歌の力　もくじ

第2部　たたかいとうたごえ　闘いは文化を育み文化は闘いを豊かにした　61

第1部
たたかいの諸側面

第1章
労働運動とうたごえ

中村浩爾

1　労働運動とうたごえの現状

労働組合の集会やデモにおいて、労働歌や闘いの歌の演奏を聴いたり歌ったりする機会が減って久しい。企業別組合の欠陥・限界が露呈し産業別組合への指向が強まる中で新たな組織化の動き、すなわち、ローカルユニオンという個人加盟方式による組織化や市民運動との共同は進んでいるが、全体としての労働組合自身の衰退、すなわち、労働組合の組織率の低下、戦闘的組合の減少=労使協調組合への収斂、そして集会・デモやストライキの減少傾向の中では、いわば集団的に歌う基盤が失われているので当然とも言える。日本社会における集団主義から個人主義への変化の影響もあるかもしれない。

しかし、集会やデモが消失したわけではない。数が減ったとはいえ、存在する。否、存在するというだけではなく、原発問題などの場合には、市民運動と連携した長期に亘る抗議行動が続いている。また、集団主義が完全に消滅し、個人主義が定着したわけではなく、集団主義への志向もある。上からの統合やそれに呼応する下からの運動もある。問題は、集会やデモという、組合にとってその存在意義を示し社会的影響力を行使する重要な「場」があるにもかかわらず、そこで「歌う」ことが減少し、歌われる歌や演奏形態が変化したことである。音楽が入る場合でもラップ調のコールやサウンド・デモの方が優勢である。サウンド・デモは、おそらく、身体運動、パフォーマンスという点で、歌より容易かつ自由であり、数が少ない場合でも大音量によってカバーできるという有利さをもっており、とくに若者にとっては魅力的であろう。

いずれにしても、このように声を合わせて歌うことをとくに重視する問題意識に対しては、集会・デモを開催するにあたっては、参加者を増やすことやアピールすることが重要であり、回数や規模が縮小する中では、それをこそ追求すべきであって、「歌う」よりも、楽器や踊りの力を借りる方が有効である、「歌う」ことにこだわるのは懐古趣味あるいは時代錯誤である、また、集会に歌があるといっても、歌うのは独唱者や合唱団であって、もともと皆で斉唱や合唱することは少なかったのではないか、ましてや歩きながら声を合わせて歌うことは、と言われるかもしれない。また、政治的闘いが激化し政治的な諸活動が求められているような場合には、歌より他に大事なことがあるではないか、歌っている場合ではない、などという批判もよく出される。しかし、何かを訴えるときに、歌の力を借りるのは自然であり、運動と歌は二者択一の関係にはない。対外的効果があるのはもちろんのこと、対内的にも、歌っている人自身や他の参加者を鼓舞する効果がある。最近の韓国の労働運動――そこには必ず歌がある――は、活発な組合運動と歌うこととの間に相関関係があることをあらためて教えてくれる。もちろん、歌を歌うことが増えれば、労働運動が活発になる、逆に労働運動が活発になれば歌を歌うことがふえるというほど事は単純ではない。また、労働運動を活性化させるのは[1]、歌だけではない。思想や他の文化活動もある。いずれにしても、組合組織化および組織強化の理論を踏まえて、労働運動と歌うこととの関係を多面的に見なければならない。

2 労働運動から歌が消えた諸要因をめぐって

労働運動から歌が減少した要因には内的なものと外的なものがあるが、ここでは四つの要因についてのみ考えてみたい。第一は、企業・資本の政策、第二は、組合の文化度、第三は、うたごえ運動の弱体化、第四は、時代の変化と歌文化の多様化・相対化、である。第一と第四は外的要因、第二は内的要因で、第三は内的要因と外的要因が重なっている。なお、「歌」、「歌文化」という場合、主として合唱を念頭においている。

(1) 企業・資本の戦略

後述するように、労働者の力は「数」である。問題は、そこに「団結」と「知識」がなければならないことである。歌、とくに斉唱や合唱は、その両方を兼ね備えている。なぜなら、合唱というものは本来、一定以上の量を必要とし、成功すれば、多くの人が集まる場となり、まわりにも大きな影響を与える。さらに、合唱団が発展するためには、演奏においては「メンタルハーモニー」が、運営（とくに方針の決定や選曲など）においては、民主主義が求められる。それ故、「団結」や民主主義を醸成・強化する場になる可能性が高い。つまり、合唱は、「文化」の中でも、団結や運動とつながりやすく、「文化」の中でも特別の位置を占めているからである。

もちろん、民主的運営があれば発展し、発展した場合は民主主義のおかげだといつも言えるわけではない。何をもって「発展」と呼ぶか、何をもって「民主的運営」と呼ぶかという問題がある。成果だけが重要なのではなく、団員同士の関係や運営の仕方、そして、地域や他団体との関係においても、実際に「民主主義」

が実践されていなければならない。「発展」の指標は、活動の中で「団結」が強まったかどうか、それが他団体との「連帯」や社会的貢献につながったかどうかである。

このような合唱の力や怖さを知っているのは、組合よりはむしろ企業や資本の側であろう。それ故に、組合の文化活動を弾圧し、懐柔するという企業・資本の戦略、が生じる。企業内のサークル活動の中でも、スポーツや茶道や華道などは許可するのみならず奨励さえしても、コーラスは簡単には許そうとはせず、許した場合でも完全に企業の支配・管理下に置こうとしてきたのである。

企業側の戦略は、組合側にも影響を与え、組合自体が組合内のうたごえ系統の合唱団や民主的な合唱団を弱体化させたり、御用合唱団に変質させたりした。それは、外部のうたごえ活動からの引きはなしであり、組合文化の観点からすれば、本来組合内にあるべき自由な合唱活動の圧殺である。(第1部第3章参照)

しかし、実は、労働者の側にも、歌うことを妨げるものがある。組織活動を優先して「歌っている場合か」と、歌うことを軽視したり抑える力が存在すること[2]、歌う気にならないほどに疲れていること、歌以外の娯楽に魅力を感じそちらに流れる傾向があること、高齢化により伝統の継承が難しくなっていることなど、である。ただ、労働者側に原因があるというより、労働形態の変化により、職場に歌える環境がなくなっているという客観的状況がそうさせているという見方もある。工場労働の場合、かつては、労働における協働に止まらず終業後の入浴や飲食をともにするなどの時間の存在がサークル活動を活発化させていたという事実を見れば、このような見方の真実性が増す。

ところで、企業内で「歌うな」(コーラス部の自由な活動を許さない)というのは、国家が君が代を入学式や卒業式で「歌え」と強制することと対をなしている。[3] 国民統合を支えるものは企業だけではない。スポーツ大会で君が代を喜んで歌い、叙勲を喜んで受けるなど、進んで象徴天皇制を支える意識は国民の中に根強く存在している。しかし、国技としての大相撲のみならず、各種スポーツ大会で君が代が歌われ、歌を利用してスポーツがナショナリズム強化の場とされていることは、企業が資本の論理で行っていることと、国家が様々な場でナショナリズムの土壌を培っていることが、歌が管理と支配の道具にされているという意味で共通しているだけではなく、企業における労働者管理が、国家が行う国民統合を支えていると見ることができる。

(2) 組合の文化度

マルクスは、労働者の団結について次のように言った。「成功の一つの要素を労働者はもちあわせている——人数である。だが、人数は、団結によって結合され、知識によってみちびかれる場合にだけ、ものをいう[4]」（傍点筆者）。労働者が数の力を発揮する上での、「団結」と「知識」の必要性を知ることが出来る。ここではとくに、「知識」、より広く言えば「文化」に注目したい。

組合における「文化」と言った場合、いくつもの次元がある。次元の低い順（価値が低いという意味ではない）から例示してみれば、事務所に花や絵画が飾ってある、組合員がコンサートや美術館などによく行く、組合活動の中に文化サークルの活動がある、組合が組合員の文化活動を補助する、組合自体が文化行事を行う、市民社会内の文化活動を支援する、組合活動そのものの文化度が高い（すなわち、組合員同士の関係、組合の会議の進行の仕方、討論の仕方、そこで使われる言葉、それらのニュースへの反映、闘争のスタイルや交渉の仕方、これらが文化的に洗練されている）など。最後の次元が最も高度である。

集会やデモに歌が存在するためには、比較的高い次元の組合文化が基盤として存在しなければならない。すなわち、組合／組合員が、文化を外在的なものと見るのではなく、自らの内に内在化させているか、させようとしていなければならない。

しかるに一般に、組合においては歌に対する関心は低く、組合に文化が存在する場合でもその次元は低い。それどころか、前述のように、自由に歌うことを組合が抑圧する場合さえある。組合のカラオケ大会などで、レクレーションとして歌われることがあるとしても、それは歌が消費されているだけであって創造性は存在しない。組合活動に歌が正当な位置づけの下に存在するためには、文化の内在化、歌う力、歌を創造する力、そして「歌っている場合か」と足を引っ張る力との闘い、が必要である。組合外に向かってだけではなく、組合内部においても組合員自身の内部においても闘うこと（自分自身と闘うこと）が必要だと言っても良い。

(3) うたごえ運動の弱体化

労働者が歌うにはうたごえ運動の果たしてきた役割が大きい。かつては、娯楽が少なく、歌に求める場合でも歌う場が限られており、また、うたごえ運動が大きな力を持ち、戦略として労働組合や市民運動に浸透しようとしていたが故に、組合運動とうたごえ運動との結びつきが強かった[5]。うたごえ運動は「いわゆる活動家から一般の人びとへ、事実の重要性を分かりやすく訴える情報宣伝の一つであった」という見方は少し極端すぎるが、そのような側面があったこと、そしてそれが力となったことは事実である。しかし、現在では、娯楽や歌う場が増え、多様化している。うたごえ運動は存続しているが、昔のような勢いはなく、その存在自体が社会に広く知られているわけではなく、うたごえ運動自身も昔のような拡大主義をとっておらず、自らは芸術（至上）主義を志向しつつ、大衆との関係では啓蒙主義と大衆迎合主義との中間を行っているように見える。たとえば、メーデーや平和行進の際、うたごえ運動系統の合唱団（員）の側に、いまだに「歌唱指導」という意識が見られ、そこにはなお啓蒙主義が残存している。しかし、実は、そのようなうたごえ運動の啓蒙主義の裏に、後述のように、ある種の自制、すなわち、イデオロギッシュな歌やたたかいの歌を避ける傾向があり、そのことが、皮肉なことに、うたごえ運動の特徴や魅力を失わせている。仮にそれらの歌をコンサート会場で歌うことがあるとしても、それがそこだけに止まるなら、また、歌う側と聴く側が固定されて、聴く側が歌う側に回るという形で広がって行かないなら、うたごえ運動は縮小する一方であろうし、逆に、広がりを重視して、集会・デモで活動しても、そこに啓蒙主義が残存しているなら、やはり運動は広がらない。

　歌と思想との関係において、歌を道具視する限り、このような揺れが止むことはない。もっとも、うたごえ運動の創始者・関鑑子は、日本の音楽や舞踊の伝統を生かした創作や歌う人の増加を提唱しており、それ自体が大きな意味での戦略と言うべきかもしれないが、表面的には、必ずしも性急にイデオロギッシュな曲を奨励し、党派的な意味での拡大のみを目指していたようには見えない[6]。『青年歌集』に収録されている曲は、イデオロギッシュな曲と、世界の名歌の二本立てである。その意味では、うたごえ運動には、はじめから、啓蒙主義と大衆迎合主義が対立する要素が孕まれており、時代状況や構成員の意識の変化、そしてそれを反映した方針に応じて、両者の関係が変化する必然性がある。それ故に、現在でも、うたごえ運動の内部でも絶えず論争がある。もちろん、対立や論争の存在は悪いことではない。むしろ、発展の動力になりうる。歌と思想との関係を対等ないし対立関係ととらえた上で、両者の統一を目指すべきであろう。

(4) 時代の変化と歌文化の多様化・相対化

①時代の変化

一九五〇年代から六〇年代にかけて、ロシア民謡、革命歌、労働歌が盛んに歌われたが、今では、ロシア民謡以外はほとんど歌われない。イデオロギー過剰からイデオロギー過少への反転である。たとえば、うたごえ系統の合唱団でよく歌われたショスタコーヴィッチ作曲「エルベ河」（「ふるさとの声が聞こえる　自由の大地から　何よりも我ら慕う　なつかしソヴェートの地　世界に類無き国　麗し明るき国　我らの母なるロシア　子供らは育ち行く」）のような、ロシア賛美・愛国主義が強すぎる、あるいはイデオロギッシュすぎる歌詞を付けられた曲が、曲そのものは優れており、歌詞も普遍的ナショナリズムと見ることができる部分があるにもかかわらず、社会主義国の衰退に伴って歌われなくなった。また、メーデー歌（「聞け万国の労働者　轟きわたるメーデーの　示威者に起る足どりと　未来をつぐる鬨《とき》の声」）について言えば、その元歌が軍歌「歩兵の本領」（「万朶の桜かエリの色　花は吉野に嵐吹く　大和男児と生まれなば　散兵戦の花と散れ」）であり、更に遡ればロシアの東洋進出に対抗して作られた一高寮歌「アムール河の流血や」（「アムール河の流血や　凍りて恨み結びけん　二〇世紀の東洋は　怪雲空にはびこりつ」）であったことを見れば、替え歌文化に内在する問題も重なっており、反転の可能性ははじめから孕まれていたと見ることもできる。[7] なぜなら、曲と歌詞との間に必然的な結びつきがなく、曲を利用している、すなわち、道具にしているにすぎないからである。しかも、戦後につけられた新たな歌詞も過剰にイデオロギッシュであり、戦闘的である。運動の高揚の中でしか歌うことは困難であろう。「アムール河の流血や」のメロディーは労働組合歌や学生運動歌にも使われたが、それは、これらの詞に求められた「勇ましさ」が「アムール河の流血や」にあったため、作曲がそれほど容易にできなかった時代であったが故にそのメロディーが借用されたと山室信一は分析している。[8]

このように、イデオロギッシュな歌が歌われなくなり、同じ曲が歌われる場合でも、歌詞の入れ替えが生じたことを見て、歌詞と曲との乖離の側面を強調してきたが、少なくとも、詩の側から見れば、詩の中にすでに曲が含まれている場合がある。また、詩そのものがそれにふさわしい作曲をさせるということもある。[9]ここには、詩と曲とは、本来、一体のものであり、創作主体が増え、作曲能力が昔に比べて格段に高まっている現代においては、現代の労働運動にふさわしい創作活動が可能であるという示唆がある。

②歌文化の「多様化」と相対化

歌文化は、「歌う」側、「聴く」側、そして両者を支える人と物とから成り立っている。多様化は、主として「歌う」側に存在するが、「聴く」側にも両者を支える人と物にも存在し、そして、さらに三者の複雑な複合関係が存在する。「聴く」側が肥大化する傾向が強いことが、音楽の消費化、受動化という意味で大きな問題であるが、ここでは、「歌う」側のみを問題にしたい。

さて、「歌う」側の多様化を問題にするためには、ジャンル、演奏形態、演奏の場、演奏主体などに目を配らなければならない。しかし、ここでは、それらを系統的に分析するというより、多様性を示す顕著な現象のみに目を向けることにする。すなわち、様々なコンサートの盛況、合唱コンクールの隆盛、うたごえ運動の継続、カラオケの隆盛、民謡の根強い人気などである。順に見て行けば、まず、様々なコンサートがその規模・性格に応じて多くの合唱団によって開催されている。大抵の合唱団は、病院や老健施設などで訪問演奏を行うなど社会的に貢献している。合唱コンクールは一貫して盛んであるが、それは技術向上に役立ち、合唱経験者や聴衆を増やしている。うたごえ系統の合唱団も活動を続けており、全国大会も継続している。カラオケは、自己実現や癒しである。また、カラオケにも様々なジャンルや場があり、酒が付きものというわけでもなく、様々な利用の仕方がある。家庭で楽しむこともできるし、カラオケ・ボックスはクラシックの自主練習の場でもありうる。このように、たしかに歌文化は多様に花開いている。

しかし、コンサートの隆盛について言えば、大小様々な合唱団が存在することを意味するが、量は増えても、質が保証されているとは言えない。消長や分裂が繰り返されていることも推測される。コンクールについて言えば、演奏曲目の難解化・マニア化や入賞の自己目的化により、真の芸術性から離れ、楽しむことさえできないという状況がある。そのため、燃え尽き症候群になって、生徒・学生時代だけに終わりがちである。うたごえ運動について言えば、うたごえ系統の合唱団が活動を継続し、大会を開催しており、幅広いジャンルの歌を歌っているが、団員の意識の変化や戦略の転換によって、運動の歌を歌わなくなった、つまり脱イデオロギー化傾向がある。「うたごえは闘いとともに」というスローガンもだいぶ前から使われなくなっている。カラオケの隆盛について言えば、歌を消費の対象に矮小化し、人びとを狭い空間に閉じ込め自己陶酔させる側面がある。民謡について言えば、一部の愛好家に偏っていないか、という疑問がある。また、民謡には上からの教化に対抗する面があるが、上からの教化に反転する面もある（たとえば、北原白秋がその例である）。しかし、そのことが一般に知られていないという問題がある。[10]

ところで、実は、歌文化の「多様化」を言うに際しては、歌文化が繁栄しているようにみえるが、歌いたいとき、歌うべき時に歌えているか、そもそも歌いたい歌を持っているかという問題、また歌よりもスポーツや他の文化が好きだという人たちや歌嫌いが存在するという問題にも目を向けておく必要がある。

第一番目の問題について言えば、西洋式音楽教育を受け、日本人の歌を失い、しかも、西洋流の歌はいまだに自分のものになっていないという意味で、日本人は歌をなくしているという見方がある。声楽を学んだり合唱団で歌った経験のない人は、楽譜を読めないという現実を見れば、耳で覚えることができるのであってそれで構わない（否、耳で覚えるのが通常のやり方という分野もある）ではないかという反論があるとはいえ、この見方にはそれなりの正しさがある。その観点からすれば、多様な歌文化の存在は、「虚」でしかないということになろう。[11]「実」たりうるのは、現代の創作曲や民謡であろうが、創作曲は、多様化というより拡散化しており、皆のものにはなりにくい。民謡でさえ、自分で歌える人は少なく、一部の人を除いては疎遠な存在である。第二番目の問題について言えば、現代はスポーツや他の文化が繁栄しており、音楽（文化）もその一分野にすぎず、さらにその中の一分野にすぎない歌文化が自分だけ特別に繁栄できるという状況にはない。その意味で、歌文化の位置は「相対化」している。

3　歌うことがもつ力とそれを発現させる条件

次に、「歌う」ことの意味および歌の持つ力について考えてみたい。

「歌う」ということで言えば、「歌う」ことは本来、広い意味で「語る」ことであり、人間は意識せずとも日々歌っていると言っても過言ではない。「語る」ときの声が、その人間にとって最も自然で楽な発声だと言われる所以である。歌うことは生きること、またその逆も真である。個人で歌う場合も、集団で歌う場合も、歌が人に感動を与え、時には鼓舞する、そして歌う人／集団自身も感動し、励まされる、さらには抵抗や戦いの武器にさえなる。そのような例は無数にある。最近の、被災地応援ソングはその典型である。また、たとえば、映画「カサブランカ」（ハンフリー・ボガードとイングリッド・バーグマン主演、一九四二年作）の中に、レストランの中でナチスの軍人達がドイツ国歌を歌おうとするのを、主人公のリードで反ナチの人びとがフランス国歌を歌うことで黙らせるというシーンがあるが、まさに武器として歌が使われている。[12] 大学紛争において、ゲバ棒で「武装」した過激派が校舎を占拠しようとするのを、素手の集団がスクラムを組んで歌（「樹々の緑」（京大反戦自由歌））を歌うことによって阻止した例もある。スクラムこそが基底的な力として働いたのだという見方も可能だが、歌が結合を強化したことは間違いない。

ただし、歌うことにそのような意味や力があるとしても、実は、歌うには力がいる。声の良さとか技術以前の、歌い始める力と歌い続ける力である。歌うことによって得られる力と歌うための力とはいわば循環関係にあるが、基底的なのは後者である。歌うことを妨げるものには、前述したように、企業や資本の政策のように「外からの」力もあれば、「歌っている場合か」という「横からの」抑制、そして労働者自身の文字通りの「内からの」自粛もあり、歌う意欲減退・喪失もある。カラオケで歌うことはできても、合唱に加わるのはそれほど簡単ではない。現在の労働環境の下では、職場の内外で、楽器やカラオケの力を借りて歌謡曲を歌うことはできても労働歌を歌うことは容易ではない。労働歌は本来、労働に喜びを与え、効率性を高めるものであったり、労働の苦しさを緩和するものであったにもかかわらず[13]。

また、歌そのものに、闘いの力や平和の力があるわけではない。スポーツの場合と同様である。近代スポーツをやれば、民主的な人格が生まれ、武道をやれば封建的な人格が生まれる、などということはないのと同様、勇ましい歌を歌えば勇気のある人間になり、平和な歌を歌えば平和主義者になるわけではない。むしろ、歌う人の気持ちや思想によって規定される[14]。もっとも、「フィンランディア」のように、曲そのものが民族性、伝統を表現し、国民統合、独立の力となった例があるではないかという反論がありうる。曲の力、歌詞の力、そして曲と歌詞が一体化してもつ力について考えなければならないが、「フィンランディア」の場合、曲そのものが力を持ったようにみえる。しかし、「フィンランディア」の場合でも、「第二の国歌」と呼ばれる曲の重み故に、儀式や集会で歌うかどうか、そして、歌った後には歌った意義について必ず議論されるという[15]。つまり、やはり、曲そのものが固定した意味や力を持っているとは言えないのである。

それ故に、音楽の観点から見れば、組合活動や闘いとたたかいの歌を直接的に結びつけるのは、狭すぎる短絡的な見方である。闘いの歌よりも世界の名歌やポピュラーな歌や民謡の方が好まれ、それらが歌われることによって運動が広がるとも言える。うたごえ運動の中に、革命歌・労働歌を歌うか世界の名曲を歌うかという対立、訳詞（日本語）で歌うか原詩（外国語）で歌うかという対立[16]、うたごえ系統の音楽祭に出るか一般合唱団系統の音楽祭に出るかの対立、つまり、思想・運動を重視する意識と楽しさや芸術性を求める意識との対立が存在した所以である。前述したように、うたごえ系統の合唱団（以下、「うたごえ」）が、労働歌を歌わなくなったことは[17]、対立の消滅ではなく、境界消失状況の中で団員の意識やうたごえ運動の戦略が変化し、対象としてポピュラーな曲、方法として芸術主義を採用する方向に傾いたと見るべきである。

しかし、思想・運動と芸術性の対立を真に止揚するためには、うたごえ運動が、世界の名歌やポピュラーな歌に偏るのではなく、高い技術をもって労働歌やイデオロギッシュな歌も歌うべきであろう。その意味では、京都エコー合唱団が「悪魔の飽食」（原詞：森村誠一、作曲：池辺晋一郎）を歌ったのは、一般合唱団の側からも、同じ目標に到達する可能性を示している。もちろん、簡単ではない。エコーはこの試みをした際、少なからぬ団員を失ったと言われている。すなわち、イデオロギー的対立の表面化の結果である。「うたごえ」の場合でさえ、十分な議論や準備なしに再びイデオロギッシュな歌を歌う方向に舵を切れば、同様に団員を減らすのは必至である。しかし、エコー合唱団の試みは、「うたごえ」に対して貴重な示唆を与えている。

このように、「歌うこと」によって様々な力が得られるが、歌そのものに力があるわけではないこと、歌うためには力がいること、そして「うたごえ」が思想・運動と芸術性の対立の止揚という目標に迫る場合、一般合唱団に学ぶ点が多くあるということ、がわかる。

4　労働運動とうたごえの課題

以上のように、労働歌や闘いの歌をめぐっては、様々な不利な要因があり、労働歌や闘いの歌を歌うことを肯定的にとらえた場合でも、それを実現するためには、次のような課題を解決しなければならない。すなわち、企業・資本の戦略との闘い、労働組合の文化度の向上、労働運動の中でのうたごえの復活、うたごえ運動におけるイデオロギー性の回復、多様化・相対化の中での独自性の発揮、現代の労働運動にふさわしい創作活動、さらには、歌い始める力や歌い続ける力の獲得、思想・運動と芸術性の対立の止揚など、である。

電力のたたかいにおける次のような総括が一つの手がかりを与えてくれる。

「この争議のひとつの特徴は、作詞・作曲、スポーツなど、趣味を生かした文化が開花したこと。そこにその道の専門家も巻き込んで、見るだけ、聞くだけではなく、自ら演じ、自ら歌うことで争議を豊かなものにしてきた。幅広い連帯・共同行動として、屋内集会、屋外でのちょっとした時間にも組み込まれ、楽天性を生み、運動に粘りをあたえた[18]（ことである―筆者）。」

このような主体的な文化活動を可能にしたのは、一九五〇年代に盛んであった職場におけるサークル活動の中で培われた多面的な力であろう（第3部第1章1―⑷電産の分裂と自主的な若者集団の形成、参照）。ここから導き出せるのは、「職場におけるサークル活動」あるいはその現代的形態を復活させることができれば、組合運動における文化活動の基盤ができるのではないか、その基盤の上にうたごえの復活もありうるのではないかということである。また、関電争議団員が、争議終結後も行っている活動は、現役と元争議団員との協働という、どちらにとっても新しい活動のあり方を、そして組合活動活性化の可能性を示している。

注

1 中村浩爾・寺間誠治編著『労働運動の新たな地平』かもがわ出版、二〇一五年、参照。

2 池辺晋一郎はこれに対して、「歌っている場合」だと皮肉も交えて反論している。池辺晋一郎『言葉と音楽のアツイ関係』新日本出版社、二〇〇九年、八九頁以下。

3 ドイツの場合は、ドイツ連邦共和国（旧西ドイツ）の国歌は問題があるとされた。結局、曲は変わらなかったが、ナチス賛美や侵略国を連想させる一番と二番の歌詞は歌わず、三番のみを歌うことになった。東西ドイツ統一の際に国歌論争が再燃したとき、ベートーヴェン作曲の「歓喜の歌」がドイツ国民の半数によって支持されたという。国歌について自由に議論がなされ、歌うことが強制されていないことに注目したい。因みに、「歓喜の歌」は欧州連合の歌として定着している。市川明「歌声よ、響け！――『第九』の平和思想」（季論21、二〇〇八年七月、創刊号、所収）参照。

4 「国際労働者協会創立宣言」（一八六四年九月二八日）マル・エン全集、第一六巻、大月書店、三～一二頁、参照。

5　一九五三年「日本のうたごえ（第一回祭典）」に総評が後援を申し入れ、一九五四年には総評と「うたごえ」の連携が成立した。総評は、労働運動に文化が不可欠であることを、『これからの文化運動』（三一書房、一九五七年）などで明らかにしている。当時、国鉄、電力、炭鉱などにおいて、労働者の闘いや生活の歌が労働者自身の手によって数多く創作された。労働運動とうたごえ運動の発展は軌を一にしていたのである。

6　『青年歌集』第一編、青年センター、一九五一年、「再刊にあたって」（関鑑子）参照。

7　ただし、民謡に関して言えば、替え歌が次々に生まれるのが民謡の特徴とも言えるので、民謡の場合、替え歌が悪いと言えないのはもちろんである。

8　山室信一『日露戦争の世紀—連鎖視点から見る日本と世界—』岩波新書、二〇〇五年第一刷。

9　池辺晋一郎、前掲書参照。

10　中野敏男『詩歌と戦争—白秋と民衆、総力戦への「道」』NHK出版、二〇一二年、参照。

11　小島美子『歌をなくした日本人』音楽之友社、一九八一年、参照。ただし、この見方は、西洋音楽と日本音楽との融合という現象をとらえていない。また、融合が意識的に追求されたことを見ていない。渡辺裕『歌う国民』（中公新書二〇一〇年九月）参照

12　フランス国歌の歌詞も過激な言葉で愛国心を表現しており、その意味では、歌そのものはナチズムの愛国主義より優れていると言うことはできない。どちらの歌も闘いの武器として使われたということである。

13　民謡（たとえば「田植え歌」）に顕著である。また、「うた」（佐藤信作詞・林　光一九八二年作曲）の中に「歌はどこでおぼえた」という歌詞があるが、答えは「たたかいを知っておぼえた」である。ここでは、たたかいが歌う力を与えることが示されている。

14　その意味では、君が代をいかに強制的に歌わせても、その人間の思想までは支配できず、面従腹背を強めるばかりだと言える。

15　松原千振『ジャン・シベリウス—交響曲でたどる生涯—』株式会社アルテスパブリッシング、二〇一三年、五四—五五頁。

16　外国の歌を歌うとき、直訳調の訳詞と意訳調の訳詞が存在する場合、歌う側はどちらも満足できず原語で歌いたくなるが、それでは聞く側には曲は伝わっても、詩は伝わらない。どちらを重視するかという対立である。聴く側からすれば、日本語で聴きたいのが当然である。

17　闘いの歌は「実」たりうるが、歌われることが減った。闘いが減少したからではあるが、闘いの歌に誰でも歌える普遍性がなかったか、あるいは、普遍性があったとしても、その時間的・空間的射程が短かく・狭かったのかもしれない。同時代人でも、闘いの歌と疎遠な人びとも多い。

18　中部電力人権争議総括集『光は束となって　中部電力人権裁判闘争の二一年』中部電力人権争議支援共闘会議、一九九九年、八一頁。

第2章

人間の尊厳を擁護した電力労働者の闘い

――関電を中心として――

豊川義明

はじめに　私は弁護士（弁護団）として関西電力における労働者の人間の尊厳を擁護する運動としての裁判闘争に参加してきたにすぎない。それ故に電力労働者の全国の運動についてはもとより、関西電力の労働者の労働運動の意義についても全体を正確に語ることはできない。

私ができるのは、人権裁判とこれに続いた賃金差別是正事件の裁判運動から関電労働者と電力労働者が何を擁護し、何と闘ってきたのか、を現在の時点から振り返り日本の労働運動と市民社会のあり方に問いかけるものは何かを検討したい。

1　関電人権裁判の提訴

1、関電人権裁判の神戸地裁への提訴は一九七一（昭和四六）年一二月八日であり、第一審の神戸地裁判決は一九八四（昭和五九）年五月一八日である。

第一審判決を紹介した、ある法律雑誌は「電力会社が七〇年安保改訂時の騒乱状態を予測し、企業防衛の立場から共産党員等の従業員を監視し、孤立化させるなどした行為が不法行為を認められた事例」としている。しかし、このリードの前半部分は、会社の裁判上の主張であり、事実ではない。事実は関西電力、東京電力、中部電力といった独占的な立場を法律によって保護された公益企業体が、それぞれの企業内で旧電産系の流れを受け継いだ少数派であるが、六〇年安保闘争を経て次第に影響力を伸ばしてきたことに対し、これらの活動家層の影響力を断ち切り、彼らを企業外に排除しようとして系統的かつ計画的に進行させた特殊対策の人権侵害性が裁判所によって違法なものとして判断されたのである。

2、本件事案の概要

共産党員である原告X1～X4らに対し、会社による監視、孤立化等が存在したのか。存在したとしてそれは七〇年安保改訂にむけての電力会社の企業防衛等として正当、相当なものといえるのか、が大きな枠組みの争点であり、具体的には会社が、昭和四〇年頃から社内の共産党ないし、その同調者らのグループを「不健全分子」として調査、監視し、職場での孤立化方針のもと、昭和四三年にはいくつかの営業所において管理者を集めた労務管理懇談会を開催し、調査、監視、孤立化施策の実施状況を報告し、X1らへの監視、孤立化等を進めた。具体的な行為は、原告らに対し、職場の内外での監視、尾行、同僚への接触しないようにとの指示、X3には上司が私物の入ったロッカーを無断で開け、X3の上着ポケットから民青手帳を取り出して、内容を撮影した。X3、X4については職制がかかってくる電話の相手方と電話内容のチェックをするなどした。X1らは昭和四六（一九七一）年になり、会社の内部資料が法律事務所に送られてきたのを見て、初めて、これらの個別、具体的な施策を知ることとなった。そこでX1らが、会社からのX1らに対する監視、孤立化策の実施が、X1らの思想信条の自由、名誉及び人格を著しく傷つけたものとして、会社に対し慰謝料各自二八〇万円及び謝罪文の掲示、掲載を求めて昭和四六（一九七一）年一二月八日神戸地裁に提訴したのである。

3、時代背景そして会社の特殊対策——なぜ提訴したか

戦後いち早く結成された電産は、レッド・パージと九分割完全民営化のなかで企業毎の労使関係の確立によって九電力毎の企業別労働組合に解体、吸収されるが、六〇年安保闘争は、電力に働く青年労働者を中心に自主的な労働組合活動を回復させた。こうした左派活動家の組合役員への台頭に対して会社が秘密裡に「反共特殊対策」を全社的に実行に移していった。こうした活動の一つとして前述した一九六八年六月に神戸支店で労務管理懇談会が管内の支店、各営業所の役付従業員を集めて、支店労務課長主催で開かれた。ここで原告ら四名に対する会社による特殊対策として、職場からの孤立化策の実施内容が報告されたのである。そしてこの労務管理懇談会報告書が、郵送者不明のまま原告ら代理人事務所に郵送されてきて、原告らは自らに対する孤立化策の全容の一端を知ることとなった。少数派である左派グループは、これまでも六九年正月の社宅ビラ配布への懲戒処分反対運動、I氏転向強要事件、資格制度裁判などを取り組んでいたのであるが、原告らは、このマル秘文書に書かれた内容の、余りにも露骨かつ執拗な思想信条を理由とする人権無視の特殊対策の実行に対して、これと闘わずして労働運動の前進のみならず、人間としての尊厳は守れないと判断し、自らの生き方、人間性をかけて裁判提訴に踏み切ったのである。

4、会社の進めた一九六〇年代特殊対策は、電産時代の組合運動を継承していた共産党員やその支援者に対する職場からの孤立化策、そして企業外への排除策であった。一九六〇年安保闘争を境にして関電においても労働組合運動の活性化が進み、いわゆる「左派」の人達が組合役員に選出されるようになった。特殊対策は一九六二年頃から具体化されているが、この対策は二つの柱、すなわち予防措置として労働者の思想を企業主義に取り組むための教育活動などであり、対抗措置は企業外排除を最終目標として極秘的に特殊対策者を排除して職場内での警戒的環境を作る。二つ目は労組役員選挙への介入であり、投票筆跡の分析も含めて誰が誰を支持するのかを調査し対応する、というものであった。

この対策の中では、共産党員である従業員はマル特者といわれ、一人一人の労働者は「個体」と呼ばれ、会社は個体を管理するものとされた。

この特殊対策は、東京電力や中部電力においても、時期を同じくして各経営者によって遂行された。その意味は電産解体にむけた戦後のレッド・パージ（一九五〇年八月二六日）と共通の性格をもったものである。当時レッド・パージは電力関係では二一三七名であり、関西は三六二名といわれている（電産十日会調べによる）。ただ特殊対策は占領軍のような強権的な支配の下で公然となされたものではなく職場のなかで非公然に、しかし陰湿かつ系統的になされたものである。

会社が「弱い」とみた労働者には思想の転向強要が行なわれ、そのなかでは自殺者も出たという。転向した者には戦前時代の特高さながら仲間を裏切ること、その名前を「吐かせる」ことまで行われたのである。

このような思想の「善導」や思想への攻撃は、一九六〇年代から七〇年代における電力職場の状況を暗いものにし、物言えない職場に変えていったのである。「憲法の人権が会社の前でたちすくんだ」のである。

2　裁判運動の展開——運動の社会化——

この裁判支援運動は、前史として関西電力ビラ配布（懲戒処分）事件（七〇年を迎え差別撤回にむけて頑張ろうというビラを関電社宅に配布したとして懲戒処分を受けた高馬事件）についての裁判闘争等の、大企業内での少数派の組合活動や昇格差別事件の運動の経験を抜いては存在しない。

企業内において労働者の人権侵害があった場合に企業外の世論を味方にして、司法の場で事実と法に基づいて権利と正義を実現する少数派グループの息の長い、粘り強い運動が継続していたことである。人権裁判の大阪高裁での審理においては、七年間三五回の法廷傍聴、そして判決日には個人署名は七万三〇〇〇名となった。全国の法律家二〇〇名余りのアピールの提出、裁判所のビラ配布も月二回の合計一八二回、延べ参加者一九四一名という攻勢的な取り組みであった。会社の上告により舞台が最高裁に移ってからは、九三年一〇月二八日「関西電力最高裁人権闘争を勝利させる全国対策会議」が結成され、千代田区労協に事務所を置いて、東京を中心にする活動が展開され、ビラ配布二九回、最高裁要請活動二七回、そして個人署名五万三千、団体署名四千九百、学者・著名人の二九五名の要請署名が取り組まれた。九三年四月には、関電、中電、東電の各争議団の呼びかけで「日本の職場における人権侵害を国際世論に訴える実行委員会」が結成され、四次にわたり国連人権委員会への要諸団の派遣がなされた。九四年一二月には自由権規約委員会の専門委員エリザベス・エバット氏を招請した国際シンポジウムが、東京、名古屋、京都、大阪で開催された。こうした裁判所を包み込む市民社会での世論形成が行われ、この当時において画期的な最高裁判決が九五年九月五日にだされたのである。

（これらの運動については、速水二郎「私たちはこうして高裁全面勝訴をもぎとった」前掲労旬五六頁、『思想の自由は奪えない』関西人権裁判闘争の記録、争議団、松井繁明一九九六年を参照した）。

3　裁判での争点と主張、立証の工夫

争点は大きくいって三つであった。第一は会社の特殊対策が七〇年安保改訂を迎えて発電所施設防衛など企業防衛上のものなのか、第二にマル秘文書に書かれた内容は、事実なのか、この点、会社は机上演習であり、これらは事実ではないと争った。第三に神戸支店で行われた労務管理懇談会に提示された内容が、会社全体の方針として会社自身が責任を負うのか、であった。行為の個々の違法性については、会社が特殊対策の対象者（「マル特」者と会社は呼称）を監視すること自体が違法性をもつかどうか。そしてマル秘文書については、会社は、この文書は誰かに不法に窃取されたものであって、違法収集証拠であり、証拠の排除を求める。また原本が存在する筈であるから「写し」として証拠提出するのも不当であると主張した。この点での対立の結果、1審裁判所は、この点についての判断を判決で示すという見解を示すなか、マル秘文書は検証物として、すなわち文字を文章として「読み聞け」しながら尋問するという展開となった。大阪高裁では会社側から林良平教授（民法、京大）の意見書が提出されたが、その趣旨は、原告らに対する不法行為の一つ一つが証明されない限りは会社の不法行為責任はないというものであり、原告らが自ら確認し得てなかった会社の監視、孤立化等の立証レベルを事実上高いレベルに挙げるとともに、不法行為を各個バラバラに分解させた中で、具体的な差別（不利益）のない限りは不法行為ではない、として、会社の責任を免脱しようというものであっ

た。弁護団は神戸地裁、大阪高裁を通じて、片岡昇、故本多淳亮、萬井隆令、西谷敏、大沼邦博、吉村良一ら各教授に弁護団との研究会にそれこそ手弁当で参加して戴いて、この事案にふさわしい不法行為論を模索してきた。

こうした討論を経た上で、会社の監視、孤立化策に対して、原告ら労働者が同じ職場の仲間と自由に交流し討論できる、また活動できることの自由を、会社は侵害してはならないものとして、会社が「原告らの思想信条の自由を直接に侵害する」とともに「職場における自由な人間関係の形成を阻害した」ものとして違法性の主張を構成した。さて林意見書に対しては、労働法研究者に意見書を書いてもらうべく当時、中央観光バス事件で論文を執筆しておられた中央大学の角田邦重教授に、当時は私も面識のないまま連絡をし、意見書執筆について承諾を得ることができた。この意見書は、地裁よりも一層会社の労務施策を厳しく批判した大阪高裁判決に反映したと評価できる。この意見書で、同教授は「最後にもしこれらの一連の行為（一審認定の）を評して、精神的人格価値との侵害にあたらないというならば、およそ企業という社会のなかで、一般の市民社会で認められている人格的価値の保護を語る余地はなくなってしまうであろう」と締め括られている。この言葉は現在においても重い意味をもっている。

4　最高裁判決の内容と意義

大阪高裁判決（平三〔一九九一〕・九・二四）から四年たった一九九五年九月五日、最高裁第三小法廷（千種秀夫、園部逸夫、加部恒雄、大野正男、尾崎行信、各裁判官）は、会社の上告を棄却した。新聞各紙も、このことを大きく報じた。社会の関心の大きさを反映したものである。判決は、被上告人らが「現実には企業秩序を破壊し、混乱させるなどのおそれがあるとは認められないにもかかわらず、被上告人らが共産党員又はその同調者であることのみを理由とし、その職制等を通じて、職場の内外で被上告人らを継続的に監視する体制を採った上、…職場で孤立化させるなどした…、更にその過程で水谷、三木谷らを尾行したり、特に三木谷については、ロッカーを無断で開けて私物である「民青手帳」を写真に撮影したりした。これらの行為は、被上告人らの職場における自由な人間関係を形成する自由を不当に侵害するとともに、その名誉を毀損するものであり、三木谷らに対する行為は、そのプライバシーを侵害するものでもあって、同人らの人格的利益を侵害するものというべく、これら一連の行為が上告人の会社としての方針に基づいて行われたというのであるから、上告人の被上告人らに対する不法行為と言わざるを得ない」と判断した。

第一に、この判決は「全ての職場に憲法の風を」という、判りやすい、しかし当時の思想の自由を抑圧する大企業の職場を改革するという強い願いに、最高裁として初めて正面から向き合った、勇気ある判決である。画期的な初審（牧山市治、柴谷晃、山崎果、各裁判官）及び原判決（大久保敏雄、妹尾圭策、中野信也、各裁判官）が認定した行為について、被控訴人（原告）らの「思想信条の自由を侵害し、職場における自由な人間関係の形成を阻害する…」と判示していた部分から、「思想信条の自由を侵害し」が抜けていることをどう評価するのか、という意見はあり得る。私は原告ら四名に対する会社の監視、孤立化策は、会社が原告ら4名を確信ある共産党員とみて、直接的な転向強要を行なわず、周囲からの孤立化策を措ったという実態のなかで、企業による思想の自由の侵害を事案のもとで人格的自由、利益というより広い範囲、枠組みのなかに落とし込んだものと評価する（結論において同旨、角田邦重・労判六八八号六頁）。

この判決は、プライバシー保護も含め人格の自由をめぐるその後の諸判決の基礎となった。

第二に、この判決は関電ビラ（高馬）事件最高裁判決（最一小判昭五八・九・八労判四一五号二九頁）が前提とした事実認定が不充分なものであり、このビラ判決の判例法理としての妥当性を今では喪失させているという重要な意義である。

ビラ懲戒処分の最一小判は、少数派のビラ配布について「上告人による右行為をもって労働組合の正当な行為とすることもできないというべきである」と評価している。

本件最高裁判決の事実認定（組合内の少数派に対する会社の対抗方針と実行）からすれば、誰もが容易に理解し、経験的に推認できることは、このビラ配布事件は、自社の社宅内に少数派が配布したビラに対して少数派の活動規制のために会社が懲戒処分をおこなったこと、すなわち会社が、多数派の育成強化のために支配介入の不当労働行為を行なったという事実である。この重要な事実の認定と評価の欠如により、最高裁関電ビラ事件判決は、最高裁判決としての通用性を喪失したものといわざるを得ない。

第三に、この判決は（一審、二審も含めて）、現実に東京電力、中部電力、そしてこれに続く思想信条を理由とする賃金資格制度上の差別撤廃を求めた、各地の裁判事案に大きな影響を与えた。この関電における反共特殊対策は、実態において全国の電力会社でほぼ共通した内容で推進したものであったことと、最高裁による大企業である関電への批判、断罪は、各地方、各高等裁判所の裁判官に事実の認定と法の支配についての勇気と確信を与えた。関電相手の賃金差別事件では原告側労働者らは、大阪地裁での和解でほぼ全面的な勝利となった。

5　賃金その他、処遇上の差別の是正
――会社との合意（二〇〇九（平成二〇）年一二月八日）――

二つの関電事案（高馬裁判、人権裁判）に続く賃金差別裁判は、会社を包囲する大きな運動のなか大阪では大阪地裁での和解により、関電は憲法、法律と基本的人権を尊重する労務施策をとること、在籍従業員（これには原告にはならなかった活動者も含めて）を他の従業員と同様に公正、公平に評価、処遇することを約束し、資格賃金などの処遇を見直すとし、大きな差別是正の前進を獲得した。東京電力では、賃金差別是正裁判は、一九九三年八月から一九九五年一一月前橋、甲府、長野、千葉、横浜地裁でそれぞれ勝訴判決を得るとともに東京地裁、東京高裁の裁判運動を軸にして一九九五年一二月に全面解決の合意と翌年一月に裁判での基準を上回って差別を是正させた。

6　未来につなぐものはなにか

関西電力そして東電、中電に働く労働者がマル特（特）者（すなわち特殊対策の対象者）として企業からの非道な人格侵害に抗して、思想の自由と差別是正のために立ち上がったのは、まさしく労働者一人一人が「人間としての尊厳」を擁護するためであった。そして労働者達は大企業のなかで使用者に対して憲法と人格が守られなければならないこと、思想を理由として差別は許されないことを確認させ現実に是正させた。

これを歴史的にみれば、一九五〇年の二一三七名のレッド・パージによる大量解雇（翌年日本発送電と九配電

会社を九分割して完全民営化）にもかかわらず、電産の運動を引き継いだ労働者が六〇年安保の後の労働運動の前進に対する会社の反共労務政策を職場からはね返し、この労務施策を事実上廃止に追い込んだのである。

そしてこの人権裁判というか人権運動は、労働者としての思想の自由と「人格形成の自由」、すなわち他の労働者との自由な交流による連帯を実現する運動であり、これに勝訴したことは原告ら労働者の生きた時代を人権の抑圧から人権と「人間の尊厳」を取り戻す「時」としたことである。そしてこの「時」は決して過去ではなく、いま（現在）に続く労働者の人間の尊厳実現に幾筋もの道をつけているのである。そしてこの運動は最高裁判決という個別事案でありながらも司法を介しての法の形成であり、日本の労働者全体の権利運動の到達点として確認できるものである。

そして関電では、争議解決後も退職者を中心に「電力労働近畿センター―」を設立（現在も活動を継続している）し、現役の労働者としても二〇〇五年には「サービス残業の廃止」のため労基署を活用した結果、関電では会社は退去二年間の残業代二三億円の支払いを全労働者に行った。機関誌の発行、原発廃止の運動（市民への訴え）もすすめている。

（付記）

(1) この論稿は私が既に「労働者の人格権価値を確立するための闘い」として最高裁判決を踏まえて書いた労働者の権利―「軌跡と展望」旬報社二〇一五年と一部重複があることをお断りしたい。

(2) 人権裁判の大阪高裁判決の紹介と意義については、村山晃『憲法判例をつくる』（日本評論社一九九八年八三頁）がある。

第3章

電力争議の真髄
——たたかって吹かせた憲法の風

鈴木章治

はじめに

一九九〇年後半に、東京電力などの電力会社や石川島播磨重工業（現ＩＨＩ）、日立、東芝などの民間大企業相手に長期に亘って争われていた思想差別・人権侵害撤廃争議で次々と労働者側が勝利解決した。それは、それぞれの争議団が国内外での多様な取り組みでそれぞれの企業の社会的責任を問う世論をひろげたなかで企業側も譲歩せざるをえなかったからであると言われている。

なかでも、電力のたたかいは、電力会社のビッグスリー（東京電力、中部電力、関西電力）が労働者の人間としての尊厳を徹底的に奪った反共主義的労務管理のもとで、「思想による賃金差別と人権侵害」を受けていた労働者（以下三電力の労働者という）たちが、他の社員と同様な処遇をするよう求めて、裁判で次々と全面的に勝利した事は、ＴＶをはじめ新聞などにも大きく報道され社会的に注目された。本章では、三電力の闘いのプロセスと勝利の意義について述べる。

1　たたかいへの前触れ

敗戦後、ＧＨＱ（連合国軍総司令部）[1]がすすめた日本の非軍事化・民主化路線の下で急速に労働運動が高揚した。その牽引車の役割を果たしたのが電産（日本電気産業労働組合）である。電産は、日本発送電㈱[2]と同時期に設立された全国九つの地域の配電会社の労働者が企業の枠を超えて組織された産業別労働組合である。電産は、敗戦直後の日本労働運動をリードした産別会議の中核として、電気産業の民主化や生活保障を基準とした電産型賃金体系の確立、週三八・五時間制など、全産業の労働条件向上に大きな役割を果たしたことで知られている。

(1)レッド・パージ――電産崩壊

労働運動の高揚を恐れたＧＨＱは弾圧に転じる。東西冷戦を背景に日本をアジアの「反共の砦」とするべく民主化路線からの逆コースの始まりである。際たる弾圧がレッド・パージ[3]である。推定四万人と言われるレッド・パージで、電産は二一三七人と最多であった。当時の吉田内閣が電産を最初のレッド・パージの対象労組としていたことからも電産を敵視していたことが窺える。電産の中心的な労組活動家を「共産党員もしくは同調者」を理由に解雇した。ＧＨＱなど権力側は、それ以前から進めていた電産の内部に「民主化同盟（民同）」という「共産党の組合支配を批判する」グループの育成を成功させ、一九四九年には「民同派」が電産指導部の多数派を占め「たたかう電産」の崩壊の道を進め始めていた。「民同派」電産指導部は、レッド・パージを容認するまでに変質し、パージされた労働者は労組からも見放されたのである。

本格的なレッド・パージ（一九五〇）に前後して、GHQなど権力側は「企業整備」・「行政整備」という名による共産党員・支持者、労組活動家を含めた大量の人員整理・解雇を強行した。そしてGHQ・政府・資本の庇護を受けた民同派の台頭によって、日本の労働運動は、たたかう労働組合・産別会議も内部から変質がすすみ、電産では既に関東配電労組が退職金問題で脱退し分裂が始まっていた。電産崩壊に追い打ちをかけたのがGHQ指令の電力会社を全国九地域に九分割するという電力事業の再編（一九五一・五・一）である。その結果、電力会社側の後押しによって、各企業別に労働組合が結成された。

(2) たたかう電産の再生

新たに発足した電力会社の職場にはしばらくの間、電産と労資協調路線の電力労組が並存する事態が続いた。各電力会社の経営陣は、多数派となった労資協調の企業別組合を利用して、電産が築いてきた労働条件を次々と奪うことに成功した。しかし、電力各社がすすめた人減らしなど相次ぐ合理化攻撃への労働者による巻き返しも始まった。電産労働運動を経験した労働者たちは「職場を基礎に労働者の生活と権利を守りたたかうこと」が労働組合の役割だと活動を始める。これは一定程度効を奏した。東電でいえば、会社の合理化攻撃に立ち向かうには一つの組合でたたかうのが一番だと電産関東と東京電力労組の対等平等での組織統一（一九五六年）という形で結実する。統一後の東京電力労組は合理化や生産性向上運動に反対し、六〇年安保闘争にも参加する。関西電力でも五九年には関西電力労組本部執行委員の三分の一が電産系労働者で占めるまでになり、大会等では労組の階級的強化が提起され六〇年安保のたたかいに加わるまでになった。この安保闘争は、政府・電力資本が描いた会社に協力する労組づくりとは異なる方向に歩み始めたのである。

全国的にひろがった国民的運動で、多くの青年たちも加わるなど大きな影響を与えた歴史的な闘争であった。各電力の職場でも例外ではなかった。当時の各電力労組はこの闘争に積極的に参加し、このなかで平和と民主主義の尊さを学んだ多くの青年労働者が政治活動や労働運動に次々と加わりはじめ、電力労働運動は「たたかう電産」が再生したかのように活発化しはじめることになる。

2　たたかいの背景
――たたかう労働組合運動阻止

電産が「再生」したかのような各電力の職場の動きは、産別結集の電産を分裂させ企業内労組に変えた電力経営者からすると、看過できないことであった。この危機感は当時の政財界も同様であった。講和条約発効（一九五二）でGHQによる日本占領が終わり、日本は独立を回復したが、アメリカは、東西冷戦を背景に日本をアジアの「反共の砦」とするべく高揚した安保改定反対闘争後の労働運動と民主運動に対して懐柔・分断策を持ち込んだのである。

(1) 政財界の「アメとムチ」の分断策

思想・文化政策でいえば、「ケネディ＝ライシャワー路線」と呼ばれた大がかりな「アメとムチの政策」がそれである。アメリカの招待で主要な労組幹部、学者・文化人等がアメリカに送り込まれ、「反共教育」を徹底され、帰国後、労働運動始め各分野で組織分裂の先頭に立った。この「アメ」政策は、日本の民主勢力の団結を破壊、とりわけ日本共産党を社会党、総評などを分断し共産党を孤立させることが目的であった。当時既に反共親米路線の民社党（現在の国民民主党に合流）、労働組合運動で徹底した反共主義を貫く全労会議（後の同盟会議）にはこれまで以上に資金援助などを強めるとともに社会党、総評、中立労連や文化人の間に反共親米の潮流の育成に力を入れはじめたのである。日経連（現経団連）は、安保闘争の高揚の原因は、「内外の極左運動の影響や、労働運動における階級闘争にある」として「政府は、社会教育を通じ特に青少年の指導を強化し、…経営者としても職場秩序の確立に一段の努力を傾けなければならない」との見解[4]を発表し、政財界あげて新たな思想・文化面での組織分断攻撃の実行を企業経営者に求めた。

とりわけ日経連は安保闘争から、「労働運動における階級闘争」のひろがりが職場の中に新たに根強い抵抗組織を生み、その発展がいかに経営者にとって危険であるかを学び、その対策を打出したのである。

(2) 各企業に分断策の実施を求める

「ケネディ＝ライシャワー路線」によって、安保闘争の闘いから生まれつつあった国民的団結はクサビをうちこまれ、日本の政治、労働組合運動、平和運動、文化運動などあらゆる分野に分断が持ち込まれた。文化運動では、総評がうたごえ運動から脱退し、新たな日本音楽協議会（日音協一九六五・一一・四）結成に走ったのはその表れだった。日経連は、それぞれの企業経営者に自分の企業内での労働組合・労働者対策をとるよう求め、その中心は「共産党員など容共勢力の排除対策」であり、とりわけ青年労働者が民主青年同盟の影響を受けないようにと「歌って、踊って恋をする民青」と歪めた民青の姿を描いた民青同対策の単行本やパンフレットなどを各企業に売り込むなどの対策を徹底した。この攻撃はとりわけ「産業の血液」である電力の職場に徹底された。それが以下に述べる反共労務政策である。

3　懐柔と分断の電力版
――電力各社の「反共労務政策」の実態

一九六〇年～七〇年の日本経済は、自民党政府の「高度成長政策」で未曾有の高度成長をとげ、各電力会社にはこれを「安定・安価」な電力供給で支えることが求められていた。電力各社はアメリカがすすめるエネルギー政策に従って「石炭から石油へ、そして原子力発電に」とこれまでの経営を大きく転換させた。それには徹底した合理化が必要で、この実行には、「たたかう電産」が再生したかのような労働組合運動は邪魔であった。

一九六一年七月、木川田一隆が東電の新社長に就任する。木川田は、関東配電㈱の労務部長として、電産の分裂・解体に辣腕をふるった人物で、後に東京電力の会長や電力会社の指導部である電気事業連合会の会長をつとめ、東京電力を今日のように成長させた電力界の第一人者といわれて日本財界のリーダーの一人でもあった。電産労働運動がいかに当時の電力経営陣を悩ましたかを身をもって知っている木川田は、電産との対峙で得た教訓から、この二の舞を踏むまいと活発化し始めた共産党員を中心とした労働組合運動を抑え込むために「反共労務政策」を全社的、組織的に展開することを決めて実行した。それが先の日経連「見解」を具体化した「東京電力における日共民青同対策について」（一九六一・一二）である。彼は、安保闘争直後の一九六一年一一月に九つの電力会社の労務担当者会議を開催した。この会議で東京電力は、この「対策」

を示し、「反共労務政策」を展開することで「電産の再生」を押さえ込むことをすべての電力会社経営者に求めた。この会議以降、全ての電力会社で「反共労務政策」が実行されることになる。関電人権裁判で明らかになった「㊙労務管理懇談会実施報告書」（関電一九六八・八）、「左翼思想対策基本方針」（中電一九六六・二）はその例である。以下に「東京電力における日共民青同対策について」（以下、「対策」）の概略を紹介する。

(1)労組丸抱え戦略

「電力は産業の血液」といわれる。電力会社の経営のあり方や方針は、国の経済活動を左右する。政府と木川田氏ら電力経営者は、かつて彼らが苦汁を飲まされた電産のような労働運動の再生を許しては大変なことになると対策を練る。それには電産を分裂させた経験から、労組指導部からの共産党員の排除のみならず、職場からも排除することが決め手だと考えた。「対策」の労組対策には、良識派（会社の言いなりになる労組役員）の育成として、「労組役員選挙で党員、民青同（盟員）をしりぞけ、良識派の育成・選出をはかることが肝要」と、表面では変質した企業内組合が自発的に決めたことにして、裏面では「会社管理職一体となって社員内の若い良識ある気骨あるものを選び、話を組合役員へ出るよう仕向け日共、民青同と一線をかくし対処できるよう努力した」とある。その具体化が次の三つの手法である。

第一に、会社の経営方針を批判し、労働者の利益を第一にと考えて活動している共産党員や支持者を職場から一掃すること。

第二は、とはいえ以前のようにやたらに解雇（レッド・パージ）は出来ないので、共産党員や支持者に対する徹底した賃金・昇格差別と人権侵害を行い退職に追い込むこと、これを「見せしめ」にして他の労働者の間に動揺・分断を持ち込み団結を弱めること。

第三は、労組全体を労資協調主義労組（「健全な労働組合」）へ変質させること、である。

東京電力は、これはと見込んだ労働者を、徹底した反共主義者である三田村四郎、鍋山貞親などを講師陣とする「富士政治学校」に会社費用で参加させ、反共意識で理論武装した彼らを中心にインフォーマル組織を社内に育成・強化した。労組の役員選挙にこのインフォーマル組織を駆使して共産党員らを落選させ、「健全」な労組に変質することを徹底した。この結果、一九七〇年代には、東京電力労組では全ての機関の役員から共産党員や良心的な労働者は一掃され、完全に「企業のパートナー」化してしまった。

実際、電力各社は「健全な労働組合」下で、労働者の生活保障重視の「電産型賃金」をはじめ数々の労働者に優位な職場の権利を根こそぎ奪い、会社の意のままに合理化おしすすめた。

(2) 憲法無視

「対策」には、誰が共産党員なのかを公安警察の協力で把握し、「思想状況」の色分けと、それに応じたさまざまな対策が記されている。「日常的な監視」、「『会社派』組合幹部の育成」、「労音・うたごえ運動など自主的・民主的な文化運動の敵視と排除」と「それに代わる会社丸抱え文化サークルを組織して労働者を抱え込み、共産党員・支持者と他の労働者と分断、孤立させる」などを列記した組織的・系統的な指針である。

その結果、電力の職場では、人減らしや労働条件の後退など、すべての労働者への権利侵害がすすんだ。それに反対してたたかっていた共産党員やその支持者に対する賃金差別・人権侵害の手口は共通している。実際、訴えた労働者たちへの差別・人権侵害の事例は、まさに差別のデパートである。懲戒解雇、不当配転、懲戒処分、厳重注意、始末書提出、極端な昇進・昇格差別と賃金差別、転向強要、社宅入居拒否、仕事の取り上げ、会社が組織する文化会行事に参加させない、厚生施設を利用させない、冠婚葬祭など私生活の監視・干渉、独身寮での政治活動の禁止、労組役員選挙への介入、うたごえ運動や労音、労演など自主的な文化運動に対する敵視と職場からの排除など、反共労務政策の内容が全社規模で組織的全面的かつ執拗に、しかも長年にわたって共通して実行されていたことがわかる。

(3) 青年の「色づき」防止策

「対策」は、青年対策を重視している。当時、電力各社は、政府・独占大企業から高度成長を支える安定、安価な電力供給を求められていた。そしてその要求を可能とするため安価なアメリカメジャーの石油を燃料とする大規模火力の建設を急ピッチで進めた。それを支える労働力として全国の高校や企業内学校[6]から若い労働者を採用した。実際この時期、三電力とも多くの若い労働者が急速に増えた。この青年たちが、電産労働運動を経験しているベテラン労働者と接する中で、また安保闘争などを身近に経験するなかで次第に共産党・民青に接近し、活動に加わることになった。それへの対策が「色づき対策」への徹底だった。

当時の東京電力経営者は、「日本共産党は基幹産業内での党勢拡大を重視し、電力では全労働者の一〇％の党勢拡大を期している」、また公安警察からの情報で、「東京電力全体で党員と民青を合わせて二％、火力部門における汐田、鶴見火力等においては二〇％にも組織拡大された」とし、大量に採用した若い労働者をいかに共産党、民青同盟の感化から引き離すかが重要な対策であるということを明らかにしている。

⑷ 企業のきめ細かな文化対策

「対策」は、文化対策もきめ細かに決めている。職場内で、共産党員または支持者は誰なのかを把握するために、「公安調査庁、警察関係と連絡を密にし、又良識ある組合機関とも十分な連絡関係を結び党、民青同関係の動向の把捉と情勢の事前キャッチに留意し、会社側で怪しいと考えられた者については、率先して警察等と連絡をとり、関係を密にし、誠意をもってお互いに話しあえる態勢をとっており、危険人物と目されるものにはA（日共党員）、B（AとCとの中間層）、C（民青同盟員）等のランクをつけ、リストアップ」して、「これらの者はいかに仕事に熱心でも昇給査定額をゼロにしている」とあからさまな監視、差別方針が記されている。

文化活動への対策も念入りである。「『会社主催の諸行事を推進する』として、左派系の歌声運動に対し、社内コーラス、庭球、野球、排球、麻雀などの文化行事を役職者も参加できうる態勢で積極的に行い、又出来うる限り女子も参加するようによびかけて賞品等も提出し、お互いの融和をはかるべく努力している」として青年たちを囲い込むきめ細かい対策を講じている。思想面では労組と一緒に民主社会主義研究会（民社研）や富士政治学校などに出張で参加させ「反共意識」を植え付け、民青活動家に対抗できる青年層を育成し、青年部や労組執行部に送り込むことに傾注した。それればかりか、社員が会社方針を皮肉った詩を掲載した社内報を回収しマスコミに「労働者の思想統制」と報道されたような締め付けをしていたことが明らかされている。

一方、東京電力労組は、会社と同調し、活動方針に共産党排除の方針を決めるまでに徹底した反共方針を強めていった。「うたごえは日共の平和運動のひとつ」とねじ曲げ、それまで参加していたうたごえ運動は不参加を決めたのである。それでもこのような圧力にめげず青年たちは自主的に職場でうたごえサークル運動を続け、日本のうたごえ大会に参加したが、労組は会社とともに、会場で誰が参加したかを監視し、圧力を加えるまでに変質していた。こうした「反共労務政策」の下で監視され、把握された青年たちは転向を強要され、応じなければ差別・人権侵害の対象にリストアップされることになる。

(5) 全ての労働者の人権を侵害

成長を続けた日本経済は、七三年の第一次オイルショックを境に低成長時代に入る。電力各社は、いままでの「安い石油」に支えられた経営の安定は見込めないと原子力を中心とするエネルギー安全保障の確立を経営方針の中心に据えた。政治の世界は、政府と独占資本が一体となって共産党以外の野党と労働組合の右傾化をすすめ、共産党排除、革新勢力の分断をはかった戦後第二の反動期と重なる。こうした政治情勢のなかで、電力各社は、これまで以上に「反共労務政策」を強めた。オイルショックによる石油価格の暴騰は火力発電の燃料の八割を石油に依存していた電力各社の経営を直撃した。そのため、人減らしをはじめ徹底した合理化を強行し、全ての労働者にこれまで以上の痛みをもたらしたのである。

折から労働者たちは、活発化しはじめた消費者運動と連係し、企業内からも高い電気料金を告発し、原発の危険性を社内外で声を上げ始めていた。電力各社は、経営危機感を強め、低成長時代の難関を乗り切るために、声を上げる労働者への弾圧は熾烈で過酷になった。職場では「会社が苦しいのに、電気料金値上げの反対ビラを配るのはとんでもない」とつるし上げ、同僚達もそれに加わらないと「共産党か支持者」とみなされかねない圧力の中で、否応なく加担させられた。「反共労務政策」は、差別される側だけではなく差別に加わった労働者の人権をも痛く傷つけるものであった。この時期、東京電力は攻撃の矛先を市民にまでひろげた。マスコミで「東電ＣＩＡ」と批判された対策がそれである。原発に反対し、電気料金の高さを批判する市民をリストアップし選別し管理した。その一つの例は、リストアップされた市民を会社負担の原発見学から排除するまでに拡大されている。

4　反撃と勝利

(1) 反撃の開始 ――「巨象」に立ち向かう

三電力の労働者たちは、裁判準備の段階で、東電山本解雇撤回闘争、関電ビラ裁判、中電四日市火力労働者の人権侵害事件で交流を始めていた。交流の中で労働者の人権を踏みにじり人間の尊厳を著しく傷つけ、全ての労働者への権利侵害を強いる「反共労務政策」への怒りとこれまでのたたかいの確信によって、「会社は憲法違反をしている」と世論に訴え、「職場に憲法の風を吹かせ、自由にものが言える職場にしよう」と話し合った。

中電では管内五県の労働者九〇名という大型原告団を組織して名古屋地裁に一括提訴（一九七五・五・二六）し、「職場に憲法を！」の旗をかかげて人権侵害・思想差別を許さないたたかいを開始した。求めたのは差別され続けた賃金の是正と同期入社者と同等の処遇への改善である。中電では、この提訴の前に、四日市火力発電所の七人の労働者が法務局人権擁護委員会に救済を求めた事件が起こっている。[7] 人権擁護委員会は、「憲法十三条の基本的自由権と十九条の思想の自由を犯したものである」と「説示」（一九六九・二）したが、中部電力はそれを改めるどころか活動家たちへの賃金差別を「見せしめ」とした「反共労務政策」を一層徹底し始めた。活動家たちは、差別是正を社内の苦情処理委員会へ申立するが「思想差別は認められない」とすべて退けられた。反共労務政策の片棒を担ぐ中部電力労組を相手に、役員選挙で立候補届けに支持政党の記載を条件とするのは「不正常な状態」だと役選被選挙権確認の「地位保全の仮処分」を名古屋地裁に求めた。地裁は「不正常」と認め、干渉・制約を止めさせた。労働者たちは、「俺たちにも出来る。裁判でたたかおう」と決意する。そして準備を重ね「憲法違反は止めろ」と反撃に転じたのである。

東京電力では、木川田体制の下で労組の丸抱え策で「反会社派」労働者ネライ打ちの不当な配転、解雇を乱発した。労組は既に「会社派」が多数派でこれらの不当な解雇・配転を容認した。これに反対した労働者たちは、会社・組合の締め付けのなかで、山本解雇反対闘争で職場内に「守る会」を組織してたたかい、一審勝訴した。東京電力は控訴したが千代田地区労などの支援と門前でのビラ配布など、職場内外のたたかいで、東京電力を社会的に追いつめ解雇撤回・職場復帰を和解で勝ち取った。

山梨の塩山営業所長から「共産党に入っていないのならそう書きなさい」と強要されたクリスチャン女性が「心を泥で踏ませまい」と訴えた思想表明強要事件があった。一審は「思想、信条の自由に対する侵害として違法」(一九七四)としたが、東京高裁では敗訴、最高裁への上告も棄却された。しかし、判決で「企業内においても労働者の思想、信条などの精神的自由は十分尊重されるべき」と書き込ませたのはたたかいの反映だと労働者たちは大いに元気づいた。

当時「差別は活動家の証」だと「差別勲章論」があったが、まずこの克服からと社内の苦情処理委員会への申立てや労基署に告発するなど差別撤廃のたたかいを開始した。準備一年、迎えた一九七六年一〇月一三日、百四十二名(二次提訴二十九名、一九九一・一二・一三)の労働者が東京、横浜、千葉、前橋、甲府、長野地裁に分散して同じ日に提訴した。労働者たちの差別の背景には全ての労働者の権利侵害があり、憲法の風を職場に吹かせようとする反撃の始まりであった。

関電の労働者たちの場合は少し異なる。合わせて六一人が賃金・処遇是正を求めた裁判は神戸地裁提訴（一九八八・一二）を皮切りに、京都、大阪、和歌山と次第に近畿一円にひろげたが、そのまえにふたつの最高裁まで争った事件があった。（詳細は第2部第1章三節参照）

(2) 闘いの経過

三電力労働者たちは、社内では同僚たちの支援をひろげることを重視してたたかった。社外では市民と手を結び世論と運動で社会的に包囲して解決を迫る戦術をとった。電力事業は公益事業であり、国民すべてが電気の消費者であるにもかかわらず、世界一高い電気料金を押し付け、危険な原発をすすめる電力会社の方針を改めろと求めた。各県単位で、また地域レベルで結成された「支援する会」や「支援共闘会議」などがそれである。

一方、中電、東電の労働者が裁判に立ち上がった時期には、日本の労働戦線は同盟主導の右翼再編の動きが強まっていた。東京でいえば各地の地区労運動の中で左右の分裂策動が持ち込まれ、非常に複雑で困難な時期と重なる。各電力労働者たちのたたかいを巡る情勢も同様である。当初は「なんで連合組合員の支援をするのか」「（同盟に対する）組織介入になるのではないか」とか、「共産党員のたたかいだから支持できない」との声もあった。

しかし、「反共攻撃はあらゆる合理化攻撃のテコで他人事ではない」、「思想の自由・基本的人権を守るたたかいなんだ」、「彼たちは自分たちの職場に憲法の風を吹かそうと頑張っているのだ」と受け止めた地域の先進的な労働者たちの働きかけでナショナルセンターの違いを超えて次第に実を結び始めた。三電力争議の支援共闘会議や支援する会には労働者の権利を守る立場に立つナショナルセンター「全労連」や「県労連」などローカルセンターも「人権闘争に組織の違いはない」と支援を決め、共闘会議に名を連ねるまでにひろがった。争議を支援する会には著名な学者や文化人も名を連ねて行動に参加した。危険な原発やめろ、料金下げろと声を上げる市民とも手を結びひろがった社会的世論をバックに原告団・弁護団・支援共闘の「三本の矢」で三電力会社に迫ったのである。

三電力の労働者の共同・連帯はさまざま分野で取り組まれた。原発「安全神話」の欺瞞を社内から告発し、北海道から九州まですべての原発で「危険な原発を止めよ」と地元の労働・市民団体と一緒に取り組んだ抗議行動とシンポの開催、全国的な支援の広がりを求めた数次の全国行動、原水禁世界大会での平和大行進では肩を並べ、国連人権規約委員会（当時）に訴えるためジュネーブに共に足を運んだ。長期に亘る思想による差別・人権侵害の実態を訴え、「当委員会は、労働組合活動家に対する解決の手続きが非常に長期化されていることに留意するものである」とした日本政府への勧告を引き出し、フランスCGT（労働総同盟）労働者との連帯を深めて国際世論に訴えひろげてきた。うたごえ運動もそのひとつだった。

(3) 労働者側の全面勝利——「巨象」に勝った

東電のたたかいは、前橋、甲府、長野、千葉、横浜地裁の五地裁が労働者側の勝訴を受けて支援共闘会議と東京電力との自主交渉で合意した「全面解決の確認書」に基づき東京高裁で「全面一括和解調書」が作成され双方が確認した。中電のたたかいは一審名古屋地裁原告側が勝訴、名古屋高裁の職権和解を双方が調印した。関電のたたかいは、大阪地裁での全面勝利和解で何れも労働者側の全面勝利で争議は終結した。法廷に公正判決を求める署名をうずたかく積み上げ、立証でも会社側を圧倒し、裁判所は、全ての「反共労務政策」は憲法と労基法違反だと断じたのである。運動面でも世論で包囲し、職場内から支援も広がるなかで、折からの規制緩和の波で目前に迫った電力の自由化への対応が重なり、さしもの三電力会社も和解に応じざるを得なかったのである。

三電力それぞれのたたかいは、東電（一九九五年）、中電（一九九七年）、関電（一九九九年）とちょうど二年おきに労働者側の全面勝利となったが、労働者たちが勝利を手にするまでに、東電一九年余、中電二十二年、関電にいたっては「ビラ裁判」[8]に立ちあがってから実に三十年もかかったのである。

5　たたかいの成果と継承

労働者たちは、同盟[9]の中核労組である電力総連[10]の主力労組の組合員であったが、自らが属する労働組合は思想差別を黙認し裁判支援を求めても拒否し、それどころか労働組合が「反組織活動だ」と会社と一緒になって弾圧したことに対しても対峙しなければならなかったのである。

この裁判で原告となったのは、中電九〇人、東電一七一人（含二次提訴）、関電六一人と、労働事件ではこれまでにない大型原告団であり、そして和解交渉では、原告に加わらなかったが差別を受けていた労働者をも是正の対象とさせたのである。

たたかいの中で、経団連に、「社員の人間性を尊重する」ことを企業に求める「経団連企業行動憲章」を策定させた。労働者側の勝利は、「憲章」をさらに発展させ、「すべての人々の人権を尊重する経営を行う」と謳わせた。電力各社もそれぞれ「憲章」を設けたが、しかし、原発事故の責任を頬被りし、原発再稼働にひた走る経営姿勢からはこの憲章遵守の姿は全く見えない。

今、電力会社は電力自由化で経営の屋台骨が揺るがされる事態に直面している。「安全神話」にしがみつき、原発事故を起こした責任を回避し、原発を再稼働しなければ料金値上げだと国民負担を強いる一方、電力自由化の拡大で、二〇二〇年には「発送電分離[11]」を迫られ、「経営危機」を口実に労働者への新たな犠牲転嫁で切り抜けようとしている。

三・一一原発事故を受けて今、電力産業のあり方と原発に依存しない社会に向けた新たなたたかいが始まっている。[12]

注

1 連合国軍最高司令官総司令部（GHQ）とは、第二次大戦後、連合国軍が日本占領中に設置した総司令部。マッカーサーを最高司令官とするアメリカが事実上支配し占領政策を日本政府に施行させた。五二年、講和条約発効によって廃止

2 戦時中、一九三九年四月に電力の国家管理を目的に設立、半官半民の企業。敗戦後も九電力会社に再編成されるまで発電と送電部門を担った。

3 レッド・パージとは、GHQの下で、一九四九年から五一年にかけ、労働運動が活発だった公務員や民間の職場などで無法・不当な解雇や免職処分を受けた。被害者は、四万人と推定され、戦後最大の人権侵害、思想弾圧事件である。レッド・パージは、三つの段階を経て強行された。四九年の定員法による官公庁の「行政整理」のなかで一万人以上、民間の企業整備のなかで二万人以上の共産党員など労組活動家が追放され、つづいて一方的な「不適格者リスト」によって民主的な教員約一一〇〇人が教壇から追われた。

4 日経連第十四回総会「現段階に処するわれわれの見解」一九六一・四

5 企業内につくられた非公式（インフォーマル）の組織。企業は、形式的には労働者の「自主的な組織」として育成した。電力の職場では、労組役員選挙に介入しで共産党員など会社に批判的な労働者の当選を阻止するとか、日常的にはスポーツや文化サークル活動から排除するなど共産党員などの孤立化を目的として組織され、インフォーマル組織に加わらないと共産党員・支持者と見なされるほど徹底された。

6 各電力会社は、企業内に学校（三年制）を開設し中学卒業者を入学させ、卒業後、即戦力として高校卒と同じ処遇で社員とした。当時中卒の若い労働者は「金に卵」といわれた。

7 本書第2部第1章二節参照。

8 本書第2部第1章三節参照。

9 総評と並ぶ当時の労働組合のナショナルセンターの一つである。反共・労資協調主義を基調とした。

10 一〇電力の企業内労働組合で組織され、組合員約二十二万人を擁し、現在の連合の中核組織で原子力発電の推進を掲げている。東京電力労組、中部電力労組、関西電力労組は主力組合である。

11 これまでの電力の供給は、地域独占で電力会社が発電、送配電、小売りと一体運営ですすめてきたが送配電事業を電力会社から分離して別会社にして中立・構成を高め、太陽光発電など再生エネルギーの促進を促すことを目的とする。しかし、二〇二〇年からの「分離」は、電力会社から完全に分離されない「法的分離」で地域独占が残る不十分なもの。

12 本書第3部参照。

第2部

たたかいとうたごえ

闘いは文化を育み
文化は闘いを豊かにした

第1章

争議を支えたうたごえ

高度経済成長期（一九六〇～七〇年）には、電力各社は急増する電力需要に対応するため、全国から若い労働力の確保に力を注いだ。そして、第1部第3章で述べたように、青年たちから労音、労演、うたごえ、文学など自主的なサークル活動を徹底的に排除したのである。しかし、その青年たちの中から、会社の文化政策に反発し、うたごえ運動など自主的なサークル活動に加わる者が生まれ電力争議の核となった。

うたごえでふたたび築かれ始めた電力労働者の連帯は、第1部で紹介した東電、中電、関電を相手に「自由にものが言える職場にしたい」と挑んだたたかいで花開くことになる。極めて困難だといわれたこのたたかいでは、うたごえが大きな役割を果たした。うたごえは仲間との団結を強め、職場の労働者の中にたたかいへの共感をひろげる役割をはたした。世論に訴えるとき、またナショナルセンターの枠を超えて多くの労働組合や労働者への支援を訴えるとき、言葉では言いつくせない思いをうたに託してひろげてきた。

以下は、一東電、二中電、三関電の三者三様の具体的な活動である。

一　東電合唱団の特徴と活動

太田春男

1　運動が文化を要求――合唱団誕生の背景と意義

東電合唱団の誕生は争議活動が必要としたからであった。

一九八八年七月に東京電力差別撤廃闘争のたたかい中で、①家族を含む電力労働者の心意気・労働・生活・たたかいを歌いあげる。②東京電力の人権侵害・賃金差別撤廃闘争のたたかいとともに歌うという目的をもって結成された。

争議活動が進むと様々な集いがおこなわれ、東京の各地域に支援組織ができ、東電闘争をじっくり深くつかみたい。あるいは話しだけでは飽きる、文化行事がほしいなど、たたかいをより豊かにしていこうとする要求が生まれてきた。

東電闘争五周年の屋内集会では、ジンベーコール（名前をもじってコールする職場における嫌がらせ行為）を題材にした寸劇を東京の劇団の協力を得て、職場の人権侵害・差別の実態を演じるようになった。板橋区の支援連絡会の集会や総会では、差別の実態を劇にしたり、室内合奏団の演奏を取り入れたり、さらには、支援する会員が創作曲「良心の道標」をつくり、作曲者が自らギター片手に演奏するなど文化の香りを感じさせる活動が広がっていった。そして、自らの差別や人権侵害の実態を、話しだけでなく、「音楽・うた・劇」にすると、よりリアルに伝えることができ、人の心を揺さぶることができるという確信を深めていった。

一方、原告や支援する会員らは、臨時の合唱団を組織して歌った。にわかづくりのため集会などの参加者に満足してもらうことができず、音楽的力量不足を痛感、自前の合唱団設立の要求が高まっていったのである。

他の争議団から、東電は合唱団があってうらやましいと言われるのは、合唱団を設立できる人数をもつ（東京だけで五〇名前後）争議団であったこと。同時に、原告や支援する会員のなかに中央合唱団研究生やアコーディオン教室を卒業した人が多くいたことである。しかし何と言っても六ヵ月間、うたごえ運動に関わりをもって活動してきたことが、いざと言うときに力を発揮した。また、設立にあたって、中央合唱団から強い働きかけと協力があった。

職場のうたごえサークルが後退させられていった過去をさかのぼれば、会社の攻撃に抗しての誕生であり、過去のうたごえサークルにはない特徴をもった合唱団誕生であった。東電闘争がたたかいの中味を「うた」にして、人の感性に訴える活動をできる部隊・合唱団をもったことは、争議団活動をより豊かにした。

合唱団の活動と特徴

争議団の活動は、職場闘争、法廷闘争、社会的包囲の運動などがある。これらを総合的に前進させることによって勝利に導くと言われ、東電闘争もそうした教訓に学んで実践された。

①実践の中で成長

東電合唱団の活動は、たたかいの実践の手足となりながら、あるいは先頭に立ちながら、活動の合間をぬって、活動に支障のない日時を選んで、月一回を基本に練習を重ねてきた。月一回なので覚える曲は、年二曲くらいしかない。選曲は、演奏に役立たない曲をマスターしても無駄になるため、演奏の場を想定し、たたかいの前進に貢献することを第一に考えた。また、レッスンは、たたかいに呼応すべく、中央合唱団から指導者を招き、音楽的にも運動においても充実した内容で一回一回を成功させる決意で取り組んできた。

また、合唱団は、原告団や支援する会員の歌いたい要求を結集して三〇代、四〇代の仲間の参加で組織した。職場の貴重なアコーディオン奏者・杉原哲郎団員と共に、地域の合唱発表会に出場し、きたえられ、練習を積み上げ、人前で歌える合唱団に成長したのである。

②創作曲を中心に演奏・普及

創作活動は、次のような位置づけで取り組んできた。「…争議活動はどれ一つとっても生半可な活動ではありません。労力をたいへん必要とします。時間と専門的要素を必要とする合唱団の活動が上乗せされたのでは大変だと思っていた。そのことを覚悟して、団の結成に踏み切った。ですから単なる合唱曲を歌うのでは決して満足するものではなく、争議の三つの活動と切り結んだ合唱団活動が主流にならざるを得ません。そうした意味から創作活動は、私たち合唱団の〝いのち〟、存在価値を決定する大切な活動と位置づけ取り組んできた…。」（「東電合唱団第二四回総会議事録」一九九一年二月）

実際にうたってきた曲は、自らの団の創作曲はもちろん、電力うたごえ創作会議での創作曲、中電の仲間がつくった創作曲、国鉄闘争のなかで生まれた創作曲などを中心に、自らの闘いと共感できる曲を選択し持ち歌にしてきた。

③独立した活動

東電合唱団は、争議団の運動が必要として生まれた合唱団であるが、組織的にも財政的にも争議団から独立して運営した。名称も会社の合唱団と間違われそうな名前であるが、「東電合唱団」としたのである。

2 「うた」を運動の力に

(1) 要請にこたえ演奏

東電合唱団は、要請があれば、できる限り要請に応えることを原則として活動してきた。そして、その団体の集いの成功に協力するとともに、東電闘争を少しでも知ってもらうことを念頭に歌ってきた。

その結果、合唱団が誕生してから九年間の演奏、普及活動は、団が組織的に取り組んだものだけでも延べ九十七回、二万四一三〇名の人たちの前で歌ってきたのである。主な演奏場所は、たたかいの中で構築した組織の集いや総会、地域の労働団体のフェスティバルや争議団のビヤーパーティーなどである。様々な場所で演奏回数を重ね、「うた」を通し、闘いを広げる役割を果たしてきた。月一回しか練習できない合唱団が、人前で演奏できるようになるまでには、一定の期間が必要であったが実践のなかで、恥をかきながら鍛えられ、演奏できるようになっていったのである。

(2) 歌で「支援する会」を拡大

練馬区を中心とする北部地域で活動している嶋田睦団員(以下嶋田)は「歌うオルグナイザー」と地域で

も有名になり、九七年日本のうたごえ議案書にも紹介されるなど、その活躍ぶり目を見張るものがあった。一人で、伴奏なしで歌うことは大変な勇気がいる。彼は、三分の持ち時間があれば一分間を訴えに使い、残り二分をうたにした。「みそ汁の詩」や「仲間のきずな」をうたい、たたかいの感動を伝え、「支援する会」の訴えおこない組織化し、運動を構築した。

嶋田は、オルグ先が執行委員会であっても労組の大会であっても、主催者側から歌はこの場に相応しくないと言われても、訴える時間さえあれば、熱意で説得し歌ってしまう。労組の大会中にうたが入るわけであるから、注目度、印象度は抜群になる。失敗すれば大恥をかき、主催者からは二度とお呼びがかからない、ある意味では勝負どころである。嶋田の「うた」は、気迫があった。「うた」の内容が参加者の感動を呼び、大きな拍手を浴びてきた。その結果、その場で支援する会員が増えたりした。主催者が組合員の反応をみて驚き「良かったよ…。歌は止めてくれれは、取り消すよ」と握手を求めてきたりした。

このことを地域の支援組織である豊島支援連議長が、支援共闘の総括書に次のように感想で述べている。「…『みそ汁の詩』を堂々と人前でうたう根性の悪さ！…原告の個性のしつこさがこのような困難なたたかいに勝利した要因であろう…」と。嶋田は、担当する地域を、東電争議の中で支援する会員が一番多い五〇〇名の地域組織もつくりあげたのである。

地元に原告がいない中野支援連結成総会のときは、合唱団として歌い、原告紹介では、参加した団員が原告としても紹介されるなど、一人二役で活躍した。これは中野地域に限った現象ではなく、合唱団としてうたうとともに、原告としての任務を果たしながら行動した。合唱団が来てくれて助かった、盛り上がったと地元の原告から、お礼を言われたことが多くあった。

地域的には、北は葛飾区、南は品川、東は江戸川、西は練馬区、八王子市など、団員は、東京中を広範に動きまわり、地域主義をのり越え活動した。

(3)仲間の連帯に貢献

例えば、ともに闘ってきた原告団の先輩たちが定年を迎えた時、それぞれの地域で「定年を祝い・励ます会」を行ってきた。そうしたとき、合唱団は、必ず歌をうたい、激励し、「会」の成功のために努力した。特に、女性原告の守川和子さんの「定年を祝い・励ます会」のときは、本人の生きざまを歌にした「あゆみつづける私」を創作・演奏し、記念作品として贈り、きびしい職場で、定年まで闘いぬいた原告の頑張りをたたえた。ともに闘ってきた先輩に敬意を表し、感謝の気持ちが互いに行き交う活動は、原告団の団結をつくり上げるうえで重要な活動となった。

また、年一回おこなわれている「日本のうたごえ祭典」では、東電合唱団ができる前からの伝統を引き継ぎ、「電力のうたごえ」として、関電や中電の仲間と連帯して、スクラムコンサートや大音楽会を取り組んだ。そしてまた、創作活動を通して連帯活動を育んだ。この電力のうたごえ創作会議は、中電の仲間の力が大きな役割を果たしたのであった。

(4)国民の立場でうたう

職場の差別の実態や原告らのたたかいをうたにして歌うことは、会社の攻撃を告発するものであり、闘いを構築する上で大きな役割をはたすものであった。

特に、本店前のビルの前で、大型宣伝カーに乗り、そびえ建つ本店ビルに向かって、ここが私たちを差別している「館」だと武者震いをして歌ってきた。歌う時は、ビル内にいる職場の労働者と会社の中枢にとどけとばかり、本店を含む新橋のビル街に響かせた。

「うた」は職場の差別や、たたかいの展望をうたった「雲に旗なびく」、「みそ汁の詩」、「未来をかけて」などを多く歌ってきた。また、会社の原発推進政策の犠牲者である被爆して亡くなった青年労働者の実態を歌にした「その日から」も歌った。電力の創作曲「その日から」は、…♪一生懸命、働くことが、命を切売りすることと…♪で始まる歌詞で、電力関連労働者が仕事によって被爆し亡くなった青年労働者の両親が、このようなことは二度と繰り返してはならないと闘いを始めた内容を歌にしたものである。電力会社にとって、原発労働者の死は、世間に触れられたくない影の部分であるが、私たちは、電力会社の欠陥は欠陥として、あるいは、事実は事実として、国民の立場で力いっぱい歌ったのであった。

3　たたかいに相応しい「うた」こそ力

貢献できた要因は幾つかあるが、大きな力となったのは、たたかいに相応しい歌があったことである。「みそ汁の詩」、「仲間のきずな」、「掛け時計の贈物」などの職場の差別の実態を歌った曲、「良心の道標」、「雲に旗なびく」、「俺たちの年輪」、「人間らしく」、「光は束となって」、「未来をかけて」などたたかいを歌った曲、「岩堀り人生」、「その日から」など労働や職場実態を歌った曲が数多くあったこと、また電力争議の闘いだけではなく、三池闘争や国鉄闘争などのなかで生まれた曲などである。

こうした歌があってこそたたかいの力にすることができた。嶋田が労組の大会などで歌う曲には、「みそ汁の詩」「仲間のきずな」が多かったように、職場の差別実態やたたかいを分かりやすく表現している曲が、聞く人の心をとらえ、感動を与え、大きな拍手を受けたのである。

また、「人間らしく」というタイトルのうたが、東電闘争のなかで二曲も生まれたことは、職場のなかで人間らしく生きることが奪われている状況を反映している。

4　争議後の合唱団活動

東京電力の人権侵害・賃金差別撤廃闘争は、一九年余りのたたかいを経て、一九九五年十二月二五日、会社との和解が成立し、歴史的な勝利解決を勝ち取ることができた。

このことは、ひとつの大きな仕事を終え、さらに、東電という職場でこれからどう活動し生きていくかという団員一人ひとりの人生と深く関わりを持つことではあるが、合唱団としては、歌いたい要求を基礎にしながら、意欲の湧きでる新たな目的を打ち出すことができるかが大きなカギとなっていた。

これからは闘いの歌の蓄積の上に、もう少し明るい歌、笑いのある歌、展望のある歌をうたって労働者の連帯意識を励ますような創作活動と演奏ができれば、一皮むけた合唱団に成長できるのではないかと、議論を重ねたのである。

合唱団は、争議を解決した翌年、一九九六年に団活動のまとめと総括をおこない、名称を「東電合唱団きずな」として、明るい職場づくりと、憲法が職場に息づくような活動と連帯し、合唱団活動を継続していった。そして東電争議をたたかってきた、東京の全原告が定年になる二〇〇九年まで、延べ二十一年間に亘って活動し、その歴史的役割を卒業したのである。

二　中電争議を支えた文化活動とうたごえ運動の意義

刈谷　隆

一九六〇年代には他の電力と同様に、うたごえ運動が組織する「名古屋青年合唱団」や「静岡合唱団なかま」に参加する青年によって、職場にも「うたごえサークル」が芽生えていた。しかし、そのころから、本店コーラス部へ入部を申し込んだ活動家は入部を断られるなど、会社での文化体育活動などに思想差別が大きく取り入れられるようになった。一九六七年、各支店や営業所・火力部門などで活動的な人たちを集中管理するために本店に集めた。そして一九六九年三月、四日市火力発電で働く七人の労働者の親元へ、所属課長から、「あなたの息子さんは、会社が嫌っている共産党の活動をしていることが判明した。このままでは、会社としては重大な決意で対処する考えである」と、会社の便箋での手紙が届けられた。いわゆる四日市火力人権侵害事件である。この事件をきっかけとして、一九七五年五月、中電労働者の九十名は「中電人権裁判」の提訴に踏み切ったのである。

中電争議団のうたごえ運動の歴史は、以下のように三期に分けられる。

1　中電争議団のうたごえ運動の足跡

(1) 第1期(黎明期)――電力創作曲の誕生――(一九七八年―一九八五年)

①中電うたごえの嚆矢となった『光輝け黄色いゼッケン』の誕生

一九七五年五月に裁判を開始した直後、七月に三河支援する会、九月には中電争議を支援する静岡県民の会が結成された。それには、うたごえの果たした役割も無視することはできない。三河地方(豊橋・岡崎)や静岡で、地域の合唱団に参加している争議団員が争議を訴え、地域の合唱団の協力を得て、中電争議団の初めての創作曲である「黄色いゼッケン」や「腕ぶらんこ」を創作した。うたごえの仲間をはじめ地域の労働者、自覚的な民主団体は、これらの歌を取り上げ歌い交わし争議支援の輪を広げていった。

裁判提訴から七年が経過した一九八二年、春期総行動が行われ、そのアトラクションとして合唱構成『光輝け黄色いゼッケン』が、名古屋青年会館において西三河青年合唱団の全面的な支援で争議団との共演で上演された。この舞台は、多くの人に感銘を与え、文化運動が人の感性に訴える大切さを痛感することになった。

②法廷後のうたごえコール

一九七八年六月に行われた争議開始三周年本店包囲抗議集会には二〇〇〇名の人が結集した。この時、プロのシャンソンシンガー堀田さちこによってトラックの舞台から歌で連帯のエールが送られた。そしてこの頃から法廷後の報告集会には、うたごえの仲間が参加し、うたごえのコールが交わされるのが恒例になっていった。

③「光は束となって」・「みそ汁の詩」と「光は束となって合唱団」

一九八五年七月、提訴一〇周年を迎えるにあたり、記念行事として合唱構成の創作を目指すこととなり、争議団中央事務局の肝いりで、専門家にも声がかけられ、第一回創作会議が、名古屋つゆはし作業所で開催された。参加者は浜島康弘（日本のうたごえ幹事長・名古屋青年合唱団団長）、林 学（作曲家）、それに名古屋青年合唱団、西三河合唱団と中電争議団の有志で行った。この時中電争議団の中に文化運動の母体ができたのである。その後、創作会議が重ねられ「光は束となって」が誕生する。「光は束となって」を合唱構成のメイン曲とし、合唱構成名も同名と決定した。また「腕ブランコ」、「ふるさとの道」なども構成曲にとり入れた。この行事に向けて、名古屋青年合唱団、西三河合唱団、中電争議団とその家族会を中心にした大合唱団が結成された。この合唱団の名前も「光は束となって合唱団」とネーミングされた。この過程で「みそ汁の詩」が発表され「光は束となって」と共に、合唱構成の柱となった。

(2) 第2期（高揚期）――「光は束となって」三重県縦断コンサート――（一九八五年―）

一九八五年七月一四日、一〇周年行事、支援と連帯の集いが熱田教育会館で開催された。合唱構成『光は束となって』は会場の多くの人たちだけではなく、ステージに立った合唱団員にも文化運動の強さと大きさを確信させた。

①『ミニ光束』の三重県縦断コンサート

一〇周年記念公演を契機に、その後も静岡・長野・岐阜・三重・愛知（名古屋・豊橋・岡崎）で合唱構成『光は束となって』のミニ版である『ミニ光束』が創られ、公演された。シナリオはその地域の運動と結びつき、地元合唱団や、原発反対運動等の協力をえて裾野をどんどん広げた。特筆すべきは、三重県で縦断コンサートとして公演を四回（尾鷲・伊勢・津・四日市）も開催したことである。いずれも中電争議団「光は束となって合唱団」として、全ブロックの相互支援で成功させることができた。その核となったのは地元原告やその家族たちであり、またそれを支えたのはうたごえの仲間達であった。

②三電力合同スクラムコンサート

一九八六年春、「光は束となって」は一九八六年のメーデー歌集に採用され表紙を飾った。

この年は、愛知県で日本のうたごえ祭典が開催されることになり、電力実行委員会が結成され、日本うたごえ関係者と、三電力争議団の代表で一六名が参加した。この日本うたごえ祭典（一一月二八日～三〇日）には電力合同として大音楽会に参加し、電力労働者四〇〇名が「光は束となって」「胴づな一本」の二曲を歌った。また同時に実施されたスクラムコンサートに出演し、東電「もも」、関電「大きく生きよう」、中電「みそ汁の詩」を三電力労働者が心を合わせて熱唱し、連帯の絆を強めたのである。

同祭典の合唱発表会（職場の部）には、中電合唱団「いなづま」が出場し、「みそ汁の詩」、「胴づな一本」で全国第二位になった。この時、初めて中電合唱団「いなづま」の名前が全国のうたごえの仲間に登場したことになる。

③中電合唱団「いなづま」の誕生と三電力創作会議

このころ合唱団「いなづま」は月に一～二回名古屋に集まり様々な集会や文化イベントに参加するため練習を積み重ねるようになった。東京・関西も加わった三電力の創作会議も適宜開催されるようになった。

一九九二年十一月中電と国鉄争議支援スクラムフェスタ・本店包囲提灯デモ、一九九三年五月総行動・本店包囲デモ座り込み・中電人権争議勝利めざす決起集会「あした晴れ、青い空、青い海」など、電力で生まれた創作曲で合唱構成が企画されるようになった一〇〇〇名～一五〇〇名が集う文化集会をうたごえが元気よく支えた。そして一九九七年五月争議解決を求め人権と民主主義を求める大集会・合唱構成『花風にひらく』は名古屋公会堂大ホールを二〇〇〇名が埋め尽くす成功を収めた。

このような状況がつづく中、一九九七年十一月、二十二年にわたる長いたたかいは、ついに名古屋高裁で勝利和解を勝ち取ったのである。一九九八年二月、五県支援共闘会議・弁護団・争議団による「争議勝利解決中央報告集会」また争議団解散総会などを開催した後、争議団は闘いを閉じた。

(3) 第3期(収束期)(二〇〇二年)

合唱団「いなづま」は争議解決後も約一〇年ほど、一～二ヵ月に一回程度名古屋に集まり練習を積み重ね、地域の様々な集会やイベント、日本うたごえ祭典へ向けての合唱発表会などに参加していた。

①七・五・三コンサート

電力争議勝利から東電三年、中電五年、関電七年となる二〇〇二年、これを記念し、三電力元争議団は、七・五・三コンサートを企画し、「電力争議解決七・五・三記念のつどい、コンサート『おれたちの年輪』が、一〇月十四日熱田文化小劇場、一一月一七日大阪・クレオ大阪西スタジオ、一一月二二日新宿・角筈区民ホールで開催された。

その時、合唱構成『おれたちの年輪』を全面的に指導した浜島康弘氏から次のような挨拶があった。

「〝うたは闘いとともに〟という言葉ありますが、電力の闘いの中から沢山の歌が生み出されました。その〝うたたち〟が、大勢の人たちの心をとらえ闘いを一層豊かにしていきました。この〝うた〟と闘いを結び付けた活動の先頭に立ってきたのが合唱団「いなづま」の面々です。特に詩や曲を書き続けてきた出木さん（詩）や山崎さん（曲）の活動は、目を見張るものがありました。強力な助っ人の石黒真知子さん、作曲家の林　学さんのすぐれた作品が闘いに寄せられたり、実作での助言が二人の書き手を大きく成長させ、数々の名曲となって結実しました。闘いの真実の思いが私たちの心をとらえてはなさないことの素晴らしい作品群――〝うたたち〟といっしょに今日のステージでうたえるのがとても嬉しいです。つたない指揮ですが一つ一つのうたの背景となっている人たちの叫び、願いに耳をすませ精一杯頑張りたいと思います」。

②合唱団「いなづま」の解散と歌いつづける仲間たち

その後、合唱団「いなづま」は、職場を定年退職で去る者が多数となり、また遠方から名古屋へ集まることが経済的にも困難をきたす状態になり、何度となく議論を交わした結果、二〇一三年、合唱団の総意として合唱団「いなづま」の解散を決めた。しかし、うたごえ運動へのロマンは消えず、現在でも愛知で、静岡で、長野で、三重で、地域の合唱団に参加したり、様々なコンサートや集会に参加して「うたごえ」の炎を燃やし続けている。

中電争議団のうたごえを中心とした文化活動をまとめると以下のようになる。

2　文化活動の果たした役割

(1)合唱団「いなづま」が発足し、約二〇年間争議を励まし、
中電争議を市民運動や労働運動の中に大きく広げることができた。

①支援集会や五県下に広げた連続コンサートの実施
「光り輝け黄色いゼッケン」、「光は束となって」、「風薫れ・光よ走れ」などスローガンに掲げてのコンサートや支援集会を大小さまざま取り組んだ。
②合唱団「いなづま」を核として多くの集団的創作曲が誕生し、やがて東電・関電のうたごえ活動家に広がり三電力のうたごえに発展した。
③日本のうたごえ祭典には連続一五回参加し、うたごえはたたかう力、うたごえは生きる力、うたごえは平和の力、まさに「力」となり励ましとなった。
④争議を支援し、組織、創造両面で支えてくれたうたごえ運動の力、中でも名古屋青年合唱団や専門家の献身的な協力によって、裁判当日の法廷前集会、抗議行動、支援集会、連続コンサートなどでの歌唱指導や演奏などが行われ、闘いの内容を豊かにした。

(2) 計り知れない文化活動家の支援

林　学氏（作曲家）と石黒真知子氏（詩人）による数々の名曲の創造、浜島康弘氏（日本のうたごえ幹事長）による音楽の指導と育成、栗木英章氏（劇団名芸、劇作家）による演劇「七つの子」の劇団名芸による上演二回、また、浜田征一氏（日本漫画家会議所属）の漫画パンフ「クラヤミ電力」の発行等々があげられる。浜田氏は原告濱田武雄の兄である。一九七五六年、争議の訴状を見てその差別のひどさに驚き、早速マンガパンフ（クラヤミ電力）を作成し伊勢の支援する会で発行した。このマンガパンフは第五集まで発行され、その後の支援運動にとって様々なビラなどの発行に大きな役割を果たした。

(3) 争議団家族会の活躍

中電の文化活動で特筆すべきは家族会の役割であった。浜崎豊子『花　風にひらく』が出版される等の執筆活動は、多くの争議団員の家族を励ました。家族会は争議団員の妻たちを中心に現在も続いている。

(4) 原発反対運動などの住民運動と中電争議の連帯を進める力

現地の人たちとの話し合いやミニコンサート（第2章「あしらの里」「芦浜ノ海はいつまでも」参照）や名古屋の青空裁判（公害裁判）との連帯など、共通の相手である中部電力への闘いを組織した。

以上のように、「自らの心を豊かに」、「自らの闘いを豊かに」という合唱団「いなづま」の掲げたスローガンは、争議団員やその家族、支援してくれた多くの仲間を励まし団結を高めた。支援する会や様々な集会には必ず歌があったし、日常的に文化活動があった。大衆的裁判闘争といわれた中電人権裁判の勝利解決に、うたごえ運動や文化活動が果たした役割は大きい。自らの手で、職場での差別を許さないと、高らかにうたい続けてきたのである。

三　関電における闘いとうたごえ運動

勝　功雄

一九六〇年代半ば、職場では退職金切り下げに反対する職場放棄ストが激化していた。活動家は賃金だけでなく幅広い職場要求をビラにして労働者を励ましていた。一方、会社は労働組合を使って「インフォーマル組織」を作り組合の役員選挙に介入し、役員から活動家を排除する工作を進めていた。さらに活動家を職場から孤立・排除する「特殊対策」が実施され、活動家だけでなくその友人にも圧力がかかり、中には会社を辞めたり自殺する人も出る有様だった。

一九六九年の正月に尼崎の火力社宅でビラ撒きをしていたのを通報され、懲戒処分をされたのが高馬士郎氏であった。しかし彼はその処分の取り消しを求めて果敢にも裁判闘争に立ち上がった。以下にその闘いとその中で発揮された「うたごえ」の力を紹介する。

1　「高馬ビラ事件」とうたごえ

この「ビラ事件」は、一九七三年七月神戸地裁で勝利するも会社の控訴により七八年六月大阪高裁で敗訴。「労働者はその企業に二四時間尽くす、忠実義務がある」という、憲法も労基法も逸脱する「忠実義務論」が出され、これが全国の労働争議に影響しては大変だということで最高裁に上告し、新たな闘いが始まった。

一九八〇年一月、東京奥多摩で開かれた東電争議団の一泊学習会に参加し、そこに来ていた千代田区労協の山田さんに会い、関電ビラ裁判の支援を要請したが、「千代田は全国の争議を支援している。原告がだめならその奥さんでも東京に送り込む覚悟がほしい」と言われ、早速帰って相談し、三月に尼崎に山田さんたちが来られ関西全体で討議し、支援が決定した。後に東京の専従も決定された。

同年四月にビラ事件発祥の地尼崎に「関電ビラ事件を勝利する阪神の会」が結成された。勝が事務局長に押され所属していた阪神センター合唱団の団長を若手に譲った。

団員たちもその緊急性を察知したのか、この「ビラ事件」を歌にして世に広めようと動き出した。ミュージカル『良心の火は消えず』を真殿英世や山下恵子を中心に創作が始まったのである。団員七人から十二曲が寄せられ、佐々木裕子作「良心の灯をもやそう」は大きな感銘を与えた。

阪神センター合唱団ではこれ以前にも集団創作の経験があった。うたごえ運動二〇周年を記念して歌劇「沖縄」の制作が取り組まれ、学習を積み重ね台本を読んでみんなが曲をつける「一節運動」が展開され、一九六九年に東京で上演された。さらに全国公演へと発展し、一九七〇年の第一次（三一公演、五万一千人）、一九七二年の第二次（三二公演、五万四千人）と大成功させた。私たちも第一次公演（神戸）では合唱に参加し、七二年三月の第二次公演（西宮）では合唱団の組織からチケット販売まで、阪神間の合唱団・サークルの総力を挙げて大成功させた。

この公演が終わって間もなく、五月に前述の真殿が一冊の詩集をもってやってきた。詩人小野十三郎編集の『もう飛ばないで』という詩集だった。この頃、伊丹空港周辺は航空機騒音で日夜悩まされており、その航路下の小学校と中学校の学童による文集『騒音の下の子どもたち』を基にした詩集である。「ぼくたちはうるさい音をききに生まれてきたのではない」と叫ぶ子どもたちの心情がストレートに届き、早速秋の演奏会で上演することにし、創作活動に入っていった。

この演奏会を聞きに来ていた地元の劇団「かすがい」のメンバーから、「これはもっと阪神間の文化運動に訴えて大規模で質の高いものにすべきだ」と提案があり、その準備に取り掛かった。台本も一から見直し、合唱だけでなくソロも入れ演劇仕立てで進めることにした。劇団「かすがい」OBの演出家梅谷 功を制作委員会の長とし、作曲家の多田泉を作曲グループ長、脚本グループは「かすがい」の三浦清三と樋口伸廣、事務局長は阪神センターの藪内利生、合唱団長は阪神センターの勝が担当、団員にはうたごえ関係から阪神センター、西宮さくらんぼ合唱団、三菱電気若者、伊丹うたう会、演劇関係から尼崎の「かすがい」「くまんばち」、伊丹の劇団「やぎ」「紅菱会」等一〇〇人を超える人が参加。五月の伊丹小学校公演をはじめ尼崎、兵庫のうたごえ祭典、日本のうたごえ祭典、そしてNHKテレビ神戸放送局で十五分番組として収録された。飛行場対策協議会の十七巳之助会長や伏見伊丹市長からも絶賛された。

2「ビラ事件」裁判、最高裁へ

最高裁に上告した「ビラ事件」は多くの支援を得て要請行動を展開した。平日の夕刻に阪神尼崎駅前に集合し見送り集会を実施。これには尼埼教職員組合の役員の方が会議を中断してまで駆けつけてくれ、バスは尼崎運輸一般労組の方が運転、深夜の名神をひた走る。早朝に東京に着き朝食の後、最高裁や官庁街でビラ宣伝し各労組等に要請行動。夕刻再結集して一日の状況を確認しバスで帰着、そのまま仕事に出るという過酷な行動であったが、みんな車中で酒を酌み交わし疲れも見せなかった。計三〇回・バス五〇台・一万人が参加、その内、合唱団からも文工隊のいでたちで参加があり、終盤には最高裁を取り巻く一〇〇〇名の昼デモがあり、トラックの上で太鼓を叩き日本民謡を踊る姿はデモ参加者を励まし明るくした。

ある日最高裁の事務棟の前でシュプレヒコールをしていた時、事務棟の内側の窓に最高裁の労働組合「全司法」労組の旗がスルスルと上がった。それは連帯の旗であった。原告高馬氏の奥さんが肩を震わし泣き出した。最高裁では係争中のものを支援してはいけないことになっているらしいが、全司法の方は「その時は、雨でぬれたので干していた」というつもりだったそうである。ある合唱団員はこの労働者の連帯する姿を直に見て感動し、世の中の見方が変わったと言っていた。

前述のミュージカル『良心の火は消えず』は八一年一月、黒田了一前大阪府知事を迎えて大阪中之島公会堂での「がんばろう集会」で上演した他、計八回の全国上演した。八二年七月の総評会館を借りての東京集会（一〇八団体、四〇〇〇人）でも『良心の火は消えず』が上演されたが、阪神センター合唱団と西宮さくらんぼ合唱団から二四人が休暇を取り、阪神センター常任指揮者の古橋新先生（中学校の音楽教師）までもが参加され、その熱演に感動の拍手が鳴りやまなかったのであった。

そして八三年九月、ついに最高裁の判決が出た。敗訴だった。しかし「忠実義務」の文字は消えていた。

3　運動の広がりが「関電人権裁判」「賃金差別裁判」の勝利へ

このような運動が広がる中、職場の中から無記名で、職場の中で起きている「思想差別・人権侵害」の実態を記した㊙文書が送られてきた。それは「労務懇談会実施報告書」で活動家の松本育三、水谷治、速水二郎、三木谷英男四氏の上司らが「どうすれば会社を嫌になって辞めるか」の事例研修報告書であり、四名は七一年四月神戸の人権擁護委員会に訴え、新聞各社もあまりにひどい実態に「人権侵す会社と上役、孤立に尾行や監視」などと報道。十二月に神戸地裁へ提訴し、八四年五月神戸地裁で勝訴した。前年に「ビラ事件」が最高裁で敗訴していたので、万感胸に迫りみんな抱き合って涙した。その時の状況が「いま風に向かって」の曲に込められている。

この勢いの中、関西各地の職場門前ビラも公然とできるようになった。そして、神戸・京都・大阪・和歌山で賃金差別是正裁判を開始、ついに九五年九月五日「人権裁判」が最高裁で画期的な勝利を収めた。判決は「職場における自由な人間関係を形成する自由」を奪うものだと関電の人権侵害を断罪した（豊川論文参照）。しかし、関西電力は「当社の主張が認められず残念」というだけで、何の反省もない。支援組織全体に怒りの声が広がり、翌年九月から関電本店を取り巻く五〇〇〇人の昼デモが展開された。本店の西側堤防が舞台になっていたので、そこでジャズバンドが明るく参加者を励ました。そして姫路の山口氏の発案でJR姫路駅から大阪に支援者一〇〇〇人を積んで走る列車を運行したのである。ここで生まれたのが「人権列車がはしる」である。さらに東京から新幹線一両を貸し切り、和歌山から人権バスを走らせるなど、このような五〇〇〇人の抗議行動が九六年から四年も継続された。

元阪神センター合唱団員でありシャンソン歌手の堀田佐智子は何回も関電本店横の舞台に上がり、その美しい声で聴衆を魅了してくれた。またシンガーソングライターのすずききよし事務所も五〇〇〇人のデモに届ける音響装置を設え支援してくれた。

この熱気は、全国オルグの五〇万署名の取り組みになった。九九年十二月八日ついに、関電は折れ、全面勝利和解が実現した。この後の職場の状況を歌った堀江幸男作詞「ひといきいれて」が広がった。

4 争議支援の地域共闘と三電力の熱いきずな

関電争議団はこの裁判闘争と並行して各種集会で文化行事を行い、兵庫では「神戸争議団文化の夕べ」という各争議団を支援する文化行事が継続していた。一九八三年十一月、第一回、川重神戸の解雇闘争を描いた合唱構成『君は炎のように』を皮切りに、関電争議団の速水氏を中心にテーマから企画・構成等を神戸青年合唱団の協力を得て成功させてきた。第2回目のネッスル労組の闘いでは、脚本門倉訣（詩人）、演出三村省三（劇団四季会）、『みをきる風のなかで』（兵庫のうたごえ協議会作）、六編の門倉訣の作詞に勝 功雄（関電争議団）が作曲、増田二郎（神戸電通合唱団）指揮、文化の夕べ合唱団というメンバーで成功させ、三回目からは主に砂野 宏（関電争議団）指揮、勝功雄作曲という構成で、十五年にわたって神戸の闘う労働者を励まして来た。

一九八九年にはいよいよ関電争議団の『良心の火をもやし続けて』という一時間半にもなる台本を作り直し、関電労働者も役者として、合唱隊として舞台に上がった。このような地域共闘の発展が関電本店を取り巻く五〇〇〇人のデモにも反映された。一九九一年四月『良心の灯をもやし続けて パートⅢ』が、そのころ神戸を中心に講談調で演説していた関電争議団の北岡 浩の弁士を軸に開催、やんやの喝采をあびた。

このように関電争議団には東電や中電のように独自の合唱団はなかったが、各種の集会のたびにうたごえ合唱団や争議団に支えられ、また、自らも合唱隊や役者の一員として舞台に立ち、連帯する喜びや表現する心地よさを感じ、人間的にも成長した。

これらの運動の中でよく歌われたのは中電の「みそ汁の詩」や「光は束となって」だった。三電力のうたごえ活動家は沢山の創作曲を作り闘う人々を支え続けてきた。八四年に大阪での日本のうたごえ祭典で初めてといってもいい東電・中電・関電の電力合同が中電の「黄色いゼッケン」という作品で登場し、八六年の愛知祭典では四〇〇人の部隊を創り上げ、八七年の埼玉祭典では東電が中心になって渡辺玲子の「思想表明強要事件」を三電力と山梨のうたごえ合同で歌い上げた。

その後も、争議解決東電七年、中電五年、関電三年を記念したそれぞれの地で「七・五・三コンサート」を成功させ、厳しい職場でも人間として生きる勇気と連帯する闘いの重要性を、歌にして届けてきた。大阪では「闘ってこそ明日がある合唱団」も出演してくれた。

関西では争議解決一〇周年記念集会で電力合唱団「それから」と二〇〇三年神戸に結成された労働者合唱団「みんな元気か合唱団」の協力を得て、争議後の職場での若者との触れ合いを歌った「僕らは関西の若者群団」が演奏された。まさに「うたごえは平和の力」、「うたはたたかいとともに」あり、「たたかいは文化を育み文化はたたかう人々を豊かにした」実践例がここにあった。

第2章

電力のうたごえ
――たたかいの綴り方――

砂野　宏・出木みつる・山崎昭広
刈谷　隆・太田春男・勝　功雄
田中幸世

本章では、闘いの中で創られた二六曲に電産時代の創作曲「しあわせの歌」を加え二七曲を紹介する。「うた」はたたかいの力となり、電力労働者はそれに良心の記録を刻んだのである。

一　働く者の願い

1　しあわせの歌　（作詞：石原健治／作曲：木下航二）一九五五年

1
しあわせはおいらの願い
仕事はとっても苦しいが
流れる汗に未来を込めて
明るい社会を作ること
　みんなと歌おう　しあわせの歌を
ひびくこだまを　追って行こう

2
しあわせはわたしの願い
あまい思いや夢でなく
今の今をより美しく
つらぬき通して生きること
（繰り返し）

3
しあわせはみんなの願い
朝やけの山河を守り
働くものの平和の心を
世界の人にしめすこと
（繰り返し）

（楽譜14頁）

幸せを世界中の人々へ

「しあわせの歌」は、電力労働者が創作したものである。作詞者の石原健治が、自分の所属していた「電産」が公募した組合歌に愛唱歌として入選した。その歌詞に合わせた曲が公募され、一九五五年、「しあわせの歌」が生まれた。

第1部第3章にあるように、当時の「電産」が目指したのは、電力労働者や大企業の正規雇用労働者だけではなく、下請けや不安定就業者も含めた全ての労働者が生活できる賃金獲得であった。「働く者すべての幸せを求めた」この歌は、電産の目的を的確に表現し、労組の枠を越え日本中の多くの人々に歌われた。映画『倖せは俺等のねがい』にもなり、当時多くの人々に愛読された雑誌「平凡」、「明星」等でも紹介された。

「作詞者・石原健治は広島の被爆で母親と姉弟を失い組合に支えられて生きてきたという。『入選した時、職場の同僚たちは、楽譜が読めなくとも家族、知人の協力やもよりの合唱団に持ち込む等ですぐ覚えてくれた』。この歌ができた年に原水爆禁止世界大会（広島）に参加した石原は、『この仲間たちが『しあわせの歌』を創り出した。…『原爆を許すまじ』の木下先生が私の詩に作曲して戴いたのは偶然とは思わない』と、『うたごえ新聞』に述懐している。」（合唱団おけら「うたごえ年表」）

二　良心の灯をかかげて

2　黄色いゼッケン　（作詞：浅井正人／作曲：西三河青年合唱団）一九七八年

1
嵐の中の配電線
夜を通してずぶ濡れの
つらい仕事のその中に
働く尊さ誇りを胸に

2
働くものが主人公
そんな世が来る
しなければ
仲間作って学び合い
楽しい歌も思わず口に

3
会社にそぐわぬ思想だと
不当配転くらわされ
口もきかれぬ悔しさと
技術生かせぬ屈辱常に

4
正義感もほどほどに
結婚機会に止めてくれ
母の涙が胸を突く
会社のさしがね憎らしや

5　憲法　職場で　形だけ
仲間たくさん集まって
差別なくせと立ち上がる
黄色いゼッケン目に滲みる

6　裁判実態知らせなきゃ
職場の門前ビラ配り
受け取る仲間のまなざしに
強張《こわば》る顔も緩みだす

7　支援署名で門口に立てば
急に足ふるえ
しっかりやれよと励まされ
黄色いゼッケンひきしめる

8　働く者の尊厳を
強く訴えこだまする
大隊列のその中に
黄色いゼッケンつけた母

（楽譜　15頁）

電力のうたごえがあげた呱々の声

「しあわせの歌」から二〇年、日本は、東京オリンピック（一九六四年）、大阪万博（一九七〇年）と高度成長を謳歌していた。「一億総中流」と言われた時期でもある。

このような状況の中で電力労働者の闘いは始まった。争議開始から約三年、中電争議団員の手による初めての創作曲「黄色いゼッケン」が生まれた。作詞者浅井正人は次のように書いている。

「昭和五〇年（一九七五年）五月の裁判提訴の直後、合唱構成『母さんの樹』（作曲：林　学）という合唱組曲を西三河青年合唱団が上演しました。それを見た私は、身の震えるような思いをしたのでした。自分たちの闘いにも『うたごえ』が必要なんだと」。

そして、「電力労働者のたたかいのうた」が呱々の声をあげたのである。

初期の中電争議を象徴する黄色いゼッケン

黄色いゼッケンは、争議の初期の中電争議のシンボルであった。そして、それを歌った「黄色いゼッケン」は、たたかいをアピールする象徴の「うた」となった。この歌は、多くの闘う仲間との絆を強めるとともに、争議団員が自らを励ます「うた」となった。中電人権争議団が生み出した数多くの「うた」の第一作が「黄色いゼッケン」である。

争議を訴えて間もないころ、三河の争議団員で配電労働者の浅井正人が作詞した。三河の争議団員は、争議を訴えたころから地域に東三河支援する会（一九七五年七月結成）、西三河支援する会（一九七五年十二月結成）を早々につくり、中部電力の「憲法違反の職場の実態」を訴え裁判闘争を続けていた。そのころ、西三河のうたごえ運動の中心的役割を果たし活躍していた西三河青年合唱団と交流がもたれ、その中で「黄色いゼッケン」は作曲された。地域の支援集会や「うたう会」ですぐに歌い交わされ、三河から名古屋へ、そして中部から関西、東京へとひろがり、国民の中へ電力争議を広く紹介する歌へと発展していく。この歌は、配電労働者の労働実態と電力労働者としての働く喜び、争議団員として自覚と使命を、そして差別に負けないでと職場の仲間の励ます争議団員への応援歌としてもうたわれた。

歌詞８番の「働く者の尊厳を強く訴えこだまする大隊列のその中に黄色いゼッケンつけた母」と紹介さ

れている浅井正人の今は亡き父母（当時八〇歳を超えていたであろう）が、中部電力本社への抗議行動などで、黄色いゼッケンを胸につけて堂々と行進していたことが思い出される。

「中電裁判闘争支援の夕べ」で、合唱構成『光輝け黄色いゼッケン』の主題歌として上演された。中電争議団の創作活動の原点はここにある。

（刈谷　隆／山崎昭広）

3　良心の灯をもやそう

（詞：阪神センター合唱団／曲：佐々木裕子／伴奏編曲：勝　功雄）一九八〇年

さわやかな風のなかで
明日をくばって歩いた
　小さい木の芽がふくらんで
　もうすぐ春が　おとずれるように
吹きあれる　嵐のなかで
消さずに　守ってきた
ささやかなこの火

さあ　燃やそう　さあ　燃やそう
だれにも消せぬ　良心の灯よ
さあ　燃やそう　さあ　燃やそう
やがて職場の力となれ
さあ燃やそうさあ燃やそう
あー　あー

（楽譜16頁）

ミュージカル『良心の灯は消えず』

一九八〇年、関電では、阪神センター合唱団によって電力のたたかいをミュージカルにした『良心の灯は消えず』が上演された。

関電では一九七三年七月「高馬ビラ事件」（前章三参照）が神戸地裁で勝利した。その後、一九七五年五月に中部電力九〇名が、七六年一〇月には、東京電力では一四二名が提訴するという「職場の要求実現と活動家への思想差別をやめさせる」運動が大きくひろがっていった。しかし一九七八年六月、関電ビラ裁判は大阪高裁で敗訴、その判決文には「労働者は会社員である限りその企業に忠実義務がある」という「忠実義務」論が書かれており、これが全国に広まれば大変なことになるということで支援運動が一気に広がっていく。地元尼崎でも「関電ビラ事件を勝利する阪神の会」が結成され、阪神センター合唱団も最高裁に文工隊を派遣し、最高裁を取り巻く一〇〇〇人の昼デモを励ました。そして、この闘いを描いたミュージカル『良心の灯は消えず』を作る事を決定。詞は集団創作し多くの人が曲をつけた。その終曲がこの「良心の灯をもやそう」で、聴衆に大きな感銘を与えた。この他、プロローグ「朝を配るうた」、子どもを連れ職場の煙突を見ながら歌う「お母さんのうた」（佐々木裕子）、「仕事をとりあげろ」「あいつは仲間にいれるな」（新田賢一郎）、「マル秘調査」（池尾正）、「会社のために」（西田修二）、「告白」（楠本智彦）、「ビラまきの歌」「心つなぐビラ」「くらしの想い」（勝功雄）等々が作られたが、ここではそれらの中からテーマ曲「良心の灯を燃やそう」と「ビラまきの歌」をとりあげた。

（勝　功雄）

4　ビラまきのうた　（作詞：阪神センター合唱団／作曲：勝　功雄）一九八〇年

1
私の小さな　この叫びを
あなたの心に　届けたい
流れる涙を　ぬぐいながら
苦しい差別に　耐えてきた
働く私たちの　願いをこめて
一枚のこのビラ　今日もはじまる

2
子どもらの笑顔を　たやさぬために
働きつづける　私たち
いつか喜びあえる日が
励ましあいながら歩きつづける
働く私たちの　願いをこめて
ガンバロウその声で　今日もはじまる

（楽譜 19頁）

毎週の門前ビラ宣伝

「関電ビラ裁判」は、最高裁に移ってから大きな運動に発展していった。

一九七九年七月、東京千代田区労協が支援を決定。浜田精機争議団が東京の専従者を出し、一九八〇年六月から最高裁判所前で毎週の門前ビラ宣伝が始まった。この時は最高裁近くの報知新聞労働組合などが朝から詰めかけた。これに呼応して、関西でも関電本店前の毎週土曜ビラ宣伝が開始され、ビラ事件発祥の地、尼崎阪神出屋敷駅前の朝ビラが始まり、各地で関西電力の〝労働者いじめ・活動家排除の〟陰湿な行為を批判するビラ宣伝が広がっていったのである。職場の内外で会社を批判するビラを配布することを禁じる処分が出たことから始まったこの闘いは、ついに関西から最高裁まで広がったのである。

関西からの最高裁への要請行動は、阪神尼崎駅で出発式を行い大阪・京都の仲間を乗せて夜の名神を走り、東京新橋着→最高裁要請・昼デモ→各団体回り→夕方の小集会→夜の名神→それぞれの職場へ向かうという強行スケジュールだったが、車中でも楽しく交流会をもっていた。ある時、前章第三節で述べたが、最高裁要請活動でシュプレヒコールをやろうとした時、突然最高裁の窓に全司法労働組合の旗が揚がった。その様子を見ていた合唱団員は涙が止まらなかったという。

ミュージカル『良心の灯は消えず』はそんな中で生まれ、一九八一年大阪での「がんばろう大集会」を初め全国八カ所で上演した、八二年東京総評会館で行われた決起集会には阪神センター合唱団と西宮さくらんぼ合唱団から二四名の団員が休暇を取って参加した。このミュージカルの初めに歌われるのが、励まし合いながらビラ配りをする姿を描いた「ビラまきの歌」である。

（勝　功雄）

5　腕ブランコ　（作詞：浅井正人／作曲：西三河創作講習会）一九八〇年

1
寝顔可愛いわが娘
そっとほっぺにふれてみる
遅い毎日父さんを
待ち続けてねむったね
明日は腕ブランコしよう
明日は腕ブランコしよう
父さんの腕の太さ
忘れてくれるなよ

2
出掛けに甘えるわが娘
父さん早く帰ってね
いつも約束守れない
つらい父さん許してね
お前のため　みんなのため
闘っていることを
わかる日がいつかは来る
いっしょにがんばろう

3
父さん母さん遅いけど
みんなで力を寄せ合って
のびのび愉快にできる城
学童クラブ作ったよ
友だちいっぱい輪をつなぎ
仲良くいつも遊んでる
たまには行くよ
父さんも　楽しみにしているよ

（楽譜 21頁）

活動と子どもとのはざまで

一九八一年は反動的訴訟指揮で問題があった裁判長忌避問題が焦眉の課題として大きな山場を迎えていた。一九八二年四月には春季総行動で千五百名規模のデモを成功させ、裁判長の更迭にも成功した。

しかし一方で、日ごろの家庭生活は犠牲にせざるを得ない。子供たちとともに食事をしたり遊んでやれないなど一緒にいる時間が作れず、「明日は必ず腕ブランコしよう」と約束しても、父はそれを反故にしてしまう。「いつかはきっと分かってくれるだろう」という父親の心情に多くの共感が寄せられた。

学童保育父母会の子どもたちとの夏のキャンプなどでこの歌をうたうと、働く親たちの感動の合唱になった。私たちの闘いが市民の中へ広がっていることを感じほっとしたことを覚えている。

※また争議の中では、争議団員への差別は子供まで巻き込み様々な事件が引き起こされた。争議の後半頃、争議支援のコンサートなどでこのうたを歌うと、涙があふれて歌えなくなったことが何度かあり、会場からも同感の涙の連鎖が広がったことがしばしばあった。

（刈谷　隆）

6　大きく生きよう　（作詞：油野耕二／作曲：砂野　宏）一九八四年

1　仕事はせんでいい
草ひきしろと　言われた日
地面にひざまずき
悔しさ抑えて
くずれそうなこの俺を
支えてくれた
仲間のうた
　大きく生きよう　人間らしく
　つらい日々だけど　明日は明るい

2　仕事はせんでいい
自転車みがけと　言われた日
歯をくいしばり
笑顔を見せて
沈みがちなこの俺を
支えてくれた
仲間のうた
　大きく生きよう　人間らしく
　仲間の思いを　信じて進もう

（楽譜 22頁）

負けてなるものか

関西電力の活動家に対する労務管理の基本は、転向させること、もしくは自発的に退職させることをねらう、見せしめ差別であった。

職場での差別は、賃金差別、仕事の差別に加え、会社のサークルや厚生行事からも排除、一時期は「朝のあいさつもするな」と職場に徹底され、「皆がそっぽを向く」中で仕事をしなければならなかった。こうした職場での孤立化政策は、人々の心をむしばんでいった。

仕事についても、共同作業に参加させず単独作業の毎日であったし、時には、単純作業や雑用程度の屈辱的なものもあり、その典型が、構内の草取りや自転車の清掃である。技術者として養成され、誇りを持って社員になったのに、一日中「雑用」に従事することは、耐え難いことであった。

活動家の心は揺れ動く。「人が信用できない」「家族の顔が浮かぶ」「もう耐えられない」……と。

そんな時、職場の後輩が「挨拶もしないですみません、許して下さい」とこっそり告げにきた。その時、「みんな悩んでいるんだ」「苦しんでいるんだ」、「自分だけではないんだ」と、気持ちが吹っ切れた。数か月後、徐々に挨拶が復活してきたのである。「孤立化政策はしたくない」「見せしめ差別は許せない」、周りの顔がこう叫んでいるように見え始め、もう一人ではない、みんな明るい職場を望んでいるんだと思う様になった。負けずに頑張る仲間の瞳、私たちに寄せる職場の期待。

「負けてなるものか」、「人間らしく生きよう」。

こうして一人の活動家が再び顔をあげ、明日を信じて歩み始めた。

小さな体で「大きく生きるんだ」と。

（勝　功雄）

三　光は束となって

7　いま風に向かって　（作詞・作曲：勝　功雄）一九八四年

空は澄みわたる五月の町
風はホホにそよぎ　木々は芽生える
響けわれらの歌　仲間の胸へ
進もうこの道を　胸を張って
人間として　人間らしく

手をつなごう仲間たち
その胸のうちを開いて
やがてくる　その日めざし
やがてくる　その日のために
アーアーアー

職場の隅々から　差別をなくそう
俺たち私たちは　ただ差別のない職場を
俺たち私たちは　ただ自由をもとめる

（楽譜　23頁）

関電ビラ裁判がもたらしたもの

一九八三年九月、「関電ビラ裁判」は最高裁で敗訴したが、「忠実義務」論は消えた。この「ビラ裁判」の運動は多くの成果をもたらした。

一つには、職場の内外で進めてきたビラ宣伝の影響か、職場の労働者から関西電力の労務管理資料が原告側の弁護士事務所に送られ、新たな闘い「関電人権裁判」として立ち上がたことである。神戸支店「労務管理懇談会実施報告書」というこのマル秘文書には、四名の労働者（松本育造・水谷治・速水二郎・三木谷英雄）を職場で孤立化させ退職に追い込むための実践例が書かれていたことで、七一年四月に法務局へ申立て十二月に神戸地裁に提訴した。そして、八四年五月神戸地裁で全面勝訴し、九一年九月大阪高裁で、九五年九月五日最高裁で全面勝利を勝ち取る。

その神戸地裁の判決は「ビラ裁判」が最高裁で敗訴した翌年でもあっただけに、地裁前で涙を流しながら抱き合う支援者らの熱い思いが伝わってきて、すぐに書いたのが「いま風に向かって」である。

二つには、この勝利が兵庫・京都・大阪・和歌山で不当な賃金差別に怒りを抱いていた関電労働者に勇気を与え、各地裁に提訴して全体の運動の盛り上がりを作ったことである。

三つには、これら関西電力を相手にした闘いと同様に、中部・東京電力の闘いと連帯する運動が文化の面でも花開いたことである。八四年日本のうたごえ大阪祭典では、東京・中部・関西の電力合同が実現し、八六年の名古屋祭典では四〇〇名の舞台が実現した。

八三年から始まった神戸争議団文化の夕べも一五回続き、多くの労働者を励ましてきた。八九年には関電争議が取りあげられ、合唱構成劇「良心の灯を燃やしつづけて」が上演された。その最終曲がこの「いま風にむかって」である。

（勝　功雄）

8　みそ汁の詩《うた》　（原詞：野村清澄／作詞：石原真知子／作曲：林　学）一九八五年

1
今夜は豆腐のみそ汁を
俺は夜食に作る
白い豆腐を賽の目に
俺の思いを賽の目に
声を掛けたら横向いた
あいつにもあいつにも
あったかいみそ汁を
飲ませてやろう

2
今夜はわかめのみそ汁を
俺は夜食に作る
ネギを細かくきざむ
重い一日をきざむ
仕事をさせてもらえない
悔しい一日が
うまそうな汁の中から
吹き上がる

3
今日も得意のみそ汁を
俺は夜食に作る
湯気の向こうであいつが笑った
湯気のこちらで受けとめる
「お前の味噌汁うまいな」と
褒めてくれる
飛び切りの味噌汁を
今夜も作る

（楽譜　24頁）

「みそ汁の詩」はこうして生まれた

この歌は一九八五年七月、中電「光は束になって合唱団」によって「日本のうたごえ祭典in名古屋」でデビューした。このうたは、中電裁判原告堂園一圓の手記を基に、当時の野村清澄原告団事務局長が「夜食のみそ汁」という詩を書き、これが「みそ汁の詩」の原詩となった。

実は、堂園一圓の手記はみそ汁ではなくコーヒであった。火力発電所で働く彼は仕事を取り上げられ、職場八分にされ厳しい差別を受けていた。そんな中で見つけた職場の人たちとの唯一の接点はコーヒを作ることであった。堂園は職場のひとりひとりの好みを掴み、各人の嗜好に合ったコーヒを作りつづけた。彼より一回りも若い後輩たちにも。「お前のコーヒはうまい」。そういう声を耳にしながら、職場の人間関係を築き、信頼を勝ち取り、こうした職場の人たちの声を支えに頑張りぬいたのである。

作詞家石黒真知子は、野村の原詩を発展させ「みそ汁の詩」を書き上げ、作曲家林学が曲をつけた。この「みそ汁の詩」は、中電争議団はもとより東電・関電争議団の闘いの中でも歌いつがれ、全国へ広がっていった。このうたが広く歌われるようになった一因は、職場八分という厳しい現実をモチーフにしながらも優しさとともに差別の根源を抉る鋭さがあり、歌う人、聞く人の感性に響くからであろう。

ここに登場した堂園も野村も林も故人となった。そして、もう一人、合唱団「いなづま」のソリスト鈴木春男も。彼独特の節回しは、職場の差別を静かに、しかし厳しく告発した。当時，鈴木は関連会社に出向しており原告ではなかったが、裁判を〝支援する会〟からの入会であった。彼は裁判の勝利を目にすることなく他界したが、入院先のベッドの枕元には彼が歌った「みそ汁の詩」のテープがきれいに並べてあったという。

（山崎昭広）

歌うオルガナイザー

前章でも紹介したが、この「みそ汁の詩」は、東電差別撤廃闘争の闘いを広げる大きな役割を果たし、東京の練馬区を中心とする北部地域で活動していた嶋田は「歌うオルガナイザー」と地域でも有名であった。嶋田のうたは、独特の歌い方に切迫感があり、聞き手に切々と伝わって感動を呼び、大きな拍手を浴びた。この歌は、多くのソリストたちの代表歌になり、争議団員の良心の記録として歌い継がれている。今回のアンケートでも思い出の曲のトップはこのうたであった。

（太田春男）

9　光は束となって

（作詞・作曲：出木みつるとそのファミリー／補作・編曲：林　学）一九八五年

1
稲妻は自由に　大空を駆ける
雨の中負けずに　ひとすじの灯守る
光は　光は束となって
闇を切り裂き進む
おお　われら
たたかう仲間だ　電力の仲間

2
雪白く吹雪いて　凍る大地吠える
風の中ひるまず　ひとすじの灯送る
光は　光は束となって
闘う心燃やす
おお　われら
たたかう仲闘だ　電力の仲闘

3
霧熱く渦巻きタービンを叩く
汗の中くじけずひとすじの灯造る
光は光は束となって
夜明けのベルトまわす
おおわれら
たたかう仲闘だ電力の仲闘

（楽譜 25頁）

雷光（稲妻）は束となった

二〇一七年十二月八日、中部電力人権裁判争議団が勝利解決して二十周年記念の集いを開いた。会の締めは共に歩み共に歌った創作曲「光は束となって」であった。

この歌の「稲妻」の原風景は静岡県の水力発電源、大井川の上流である。大井川送変電建設所への配転辞令を受けたのは一九六〇年十二月、妊娠七か月の妻を静岡へ残しての単身赴任が、自分の生き方を決めた。

自由に発言できない職場で

一九八〇年五月ハネムーンから帰って二日目、中電労働組合本部大会へ参加する県外代議員らの歓迎準備に静岡駅にいた。そこへ中電静岡支店の労務主任がやって来て手招きし、労務係長が駅前の喫茶店で待っているからという。同席するや開口一番「本部大会での代議員発言は慎むように。分かっているだろうな」と言った。労組役員選挙で、アカに投票するなと干渉されながらも勇気をもって投票してくれた組合員の力でやっと代議員になれたのにと思うと無性に腹がたち席をけって出てきてしまう。

大会では、みんなの声、労働条件の向上を思い切って発言した。その結果はまさかの建設所への配転。大井川送変電建設所に単身赴任となる。翌年の春先、長女誕生の知らせを建設現場で聞き望郷の念ひとしおだった。

雷光（稲光り）と雷鳴が同時に

光ったと感じてからごろごろと来るのが下界の雷さま。ところが山の連なる谷川を挟んだここ崎平の建設事務所の屋外作業場で聞く雷は、光と音が目と耳に同時に飛び込んでくる。山々に反響する音もすさまじい。あわてて屋内に入って振り返れば、峰々を飛び回る雷光いなずまの光景の見事さと美しさに、鳥肌の立つ感動を受けたものだ。「自由に飛べて自由に大声でしゃべれる」のがうらやましく、いつか俺たちもと思う毎日だった。

◎作詞ノートから…一九六二年八月「かみしめた夏」

おまえがいつから活動始めたか判ってるぞ／あと二ヶ月でここ大井川建設所が閉所となる／これからもずっと建設所回りでいいのだな／転勤をエサに問い詰められて二時間／真夏の宿直室の畳は煮えて／無言のかみしめた涙を／俺は拭かない／

それから幾度も配転があり、一九七五年職場のたたかう仲間と「職場に自由を、職場に憲法を」と人権裁判に立ち上がる。何をどう闘うか手探りで活動をすすめ、うたごえ運動の友たちと交流する中でたたかう俺たちの歌をつくろうと励まされた。雷光（稲妻）は自由に大空をかける……自分が体感したいなづまの光景から配電線・送電線で電力を送る、電力をつくる現場労働者の群像を描き、たたかう電力労働者の連帯を詞い上げた。

あのとき生れた娘は、二〇年後には私の口ずさんだメロディを「歌うたびにちがうじゃん」などと言いながら、ピアノで叩いて楽譜にしてくれるようになっていた。

雷光が人をつないで束となって

一九八二年静岡フォークグループ「あ・てんぽ」の記念コンサートでおそるおそるデビュー。静岡演劇界の大御所・山崎欣太さんから歌い込んだらいい曲になると励まされて感激。一九八五年人権争議一〇周年記念集会に取り組む中で、林　学さんの補作・編曲を受けて豊かな合唱曲となり、かつて「静岡合唱団仲間」で一緒に歌った松永勇次さんの前奏・間奏が入って完成。合唱構成「光は束となって」のメイン曲として歌われた時の感動は忘れられない。さらに合唱構成がミニ版となって各県各地で歌われて多くの人に親しまれ、機会あるごとに口ずさみながら争議団自らを励ますとともに、トランペッターの松平晃さんとのコラボなども生まれ支援の輪もひろがっていった。その後、全国うたごえ協議会の発行する「一九八六年メーデー歌集」の巻頭譜となって、電力争議から全国の闘うなかまへ送るメッセージとなった。

うたごえは「たたかいと共に生まれ」「たたかいと共に育ち」「たたかいと共に繋がる」。それは私の暮しに今も生きている。闘うことなしには切り開けない日常があり、うたを創り続ける私の喜びとなっている。

（出木みつる）

10 あしらの里 （作詞：津青年合唱団・中電三重争議団／作曲：祖父江昌弘・橋爪和弘）一九八五年

1
あしらを育てた熊野の海よ
あぐり網引く掛け声響く
美しきこの
海宝の海よ
今日もあしらを育てて生きる
海を海を
汚させてはならない

2
あしらを育てた熊野の海よ
いか釣り舟の漁火揺れる
美しきこの浜
宝の浜よ
今日もあしらを育てて生きる
海を海を
奪われてはならない

3
あしらを育てた紀州の山よ
吉野の杉は雨が育てる
美しきこの
山宝の山よ
今日もあしらを育てて生きる
海を海を
汚させてはならない

4
あしらを育てた熊野の里よ
はまゆう咲いて海風わたる
美しきこの里
宝の里よ
今日もあしらを育てて生きる
海を海を
奪われてはならない

（楽譜26頁）

原発反対の住民運動とともに

三重県で『ミニ光束《ひかりたば》』公演に最初に名乗りを上げたのは尾鷲支援する会である。三重争議団は二の足を踏んだが、地元の人たちの熱意に押され尾鷲公演が決まった。観客は一〇〇名を超え、会場は熱気に満ち、感動の渦に包まれた。

この時、一合唱団員として舞台に立った津青年合唱団の祖父江昌弘さんから「尾鷲だけの公演で終わらせるのは勿体ない。三重県縦断コンサートを一緒にやろう…」と提案を受けた。中部電力は芦浜（三重県南島町）原発建設に向け、「原発推進派には飴を、反対派には鞭を」となりふり構わぬ住民分断工作を行っている。そして、社内では係争中の社員を差別し露骨な弾圧を行っていた。この両方の人権侵害を広く社会にアピールすれば、中電裁判、芦浜原発反対運動共に大きく前進できるとの提案であった。

中電争議団三重と津青年合唱団の数回の話し合いの末、合意に達したのは、一九八六年五月の皮肉にもチェルノブイリ原発の大事故の直後のことであった。

ところで、争議団は「光は束となって」という歌を持っているが、芦浜原発反対運動にはそれにかわるものがなかったので津青年合唱団と三重争議団で創作曲を作ることになった。

原発に反対する住民たちは、原発の恐ろしさはよく知っている。それが運動の原点になっているのは事実だが、もう一つの側面として、建設によって地元の人たちが愛した美しい海が奪われることに対する故郷への思いが運動の大きな原動力になっていること、この「あしら（儂《わし》ら）」の情感を表現できなければならないことに気が付いたのである。「あしらの里」に生きる人々の生活と闘いに重心を置いて詞を書き、曲は津青が完成させた。争議勝利と原発反対の二つの動輪が動き出したのを肌で感じた三重県縦断コンサートは、一九八六年八月津市で、翌年一月伊勢市で、そして一九八七年一二月には四日市で公演を成功させ、縦断コンサートは完結した。このコンサート全てに「あしらの里」は登場した。

一九九六年一月、南島町の手塚征男町議の要請で合唱団「いなづま」を中心としたメンバーが現地を訪問し、最後の『ミニ光束』を上演した。「あしらの里」はここでも親善大使の役割を果たしたのである。

中電争議解決後の二〇〇二年二月、中部電力は芦浜原発建設計画の白紙撤回を発表し、三十七年の闘いは住民勝利という形でピリオドが打たれた。「あしらの里」は守られ、平穏な日々が戻ってきたと手塚さんは語ってくれた。

（山崎昭広）

11　胴づな一本　（作詞：久野剣治／作曲：中電創作グループ／原曲：山崎昭広／補作：林　学）一九八六年

1
ソーレ引け　心を合わせて
ヤーレ引け　トラづな引けよ
腕金上げろ　電線上げろ
トランス上げろ　汗を流して
胴づな一本でよ　灯りをつける
胴づな一本でよ　灯りをつける

2
ソーレ引け　心を合わせて
ヤーレ引け　トラづな引けよ
雷ゴロゴロ　稲妻ピカリ
カッパをつけろ　今夜も徹夜だ
胴づな一本でよ　灯りをつける
胴づな一本でよ　灯りをつける

3
ソーレ引け　心を合わせて
ヤーレ引け　トラづな引けよ
雨がやんだぞ　もうすぐ夜明けだ
元気をつけろ　坊主が待ってるぞ
胴づな一本でよ　灯りをつける
胴づな一本でよ　灯りをつける
ソーレ引け　幸せ運ぶ

ソーレ引け　俺たちゃ電気屋サ
ヨイショ　ヨイショ　ヨイショ
ヨイショ　ヨイショ
　ヨイショ　ヨイショ

（楽譜27頁）

一心一帯の掛け声をうたに

胴づなは高い場所で作業を行う場合に使用する命綱付きベルト、全体重をかける文字通りの命綱、安全帯の別称である。配電柱の建設が終わり、柱上にトランスを取り付ける。風や雨や雷など気象の条件の悪い中でも危険な作業は続く。現在では、人力で変圧器（トランス）を柱上に引き上げることはないが、当時の作業員の「一心一帯」に掛け声と気合は不可欠であった。

作詞者の久野剣治は中部電力の配電労働者である。彼は、中電人権争議の原告にも加わり、中電合唱団「いなづま」の団員でもあった。彼は気迫と掛け声を軸に作業風景を作詩し、山崎昭広が原曲を、そして中電創作グループが林学の援助を受けつつ討論を重ね、集団で創作した。

なお、一九八六年愛知県体育会館で開催された日本のうたごえ祭典で〝電力のうたごえ〟は総勢四〇〇名が舞台に立ちこの「胴づな一本」を歌った。各種イベントでも歌われ、中電争議創作の代表的な歌のひとつになった。この歌も、私たちの闘いを紹介する代表的な歌である。

（刈谷　隆）

歌が生まれるとき

「ソーレ引け！心を合わせて」「ヤーレ引け！トラ綱引けよ」

この曲の冒頭部分の歌詞である。初めて私が作った労働歌でもある。この詩を中電裁判原告の久野にもらった時、この冒頭に上げたフレーズが心に焼きついた。手渡された原詩は手帳の一ページに書いたものを破いたものだったような記憶がある。

原詩の冒頭のフレーズは違ったものであった。詩を何度も読み返すうちに、この詩の命はこの部分に凝縮されていると思った。どこにこのフレーズを持ってくるか試行錯誤を重ね、曲をつけたが、詩を貫いている躍動感、力感がない。それならいっそのこといきなり最初に持ってきたらどうだろう。それに伴い原詩も大幅に入れ替えた。原詩のもつ雷の下での必死の停電復旧作業は、物語としてこの歌の第二の生命線という認識で取り組んだ。

冒頭のフレーズに話を戻す。尋常な声では聞き取れない激しい雷雨の中での男たちの命がけの作業。ここから物語は始まる。インパクトを上げるには、風雨にも雷鳴にも負けない「人」のかけ声が必要である。その声は高すぎても、低くすぎてもいけない。結局、Cの音に落ち着いたが、曲の出だしのキーはかなり高い。一抹の不安を感じつつ中電創作会議に臨んだ。浜島さんや林学さんも参加しての会議であった。基本的には原案を認めてもらったが〝俺たちゃ電気屋だ〟という最後のフレーズを追加することにした。この瞬間、曲全体が光を増したように思った。また、よいしょ！よいしょ！の低音部のかけ声は物語のポイント部だけに限定したことにより、メリハリの利いた曲が誕生した。Cという高いキーで入るということについて異論は出なかったし、むしろ面白いとの評価であった。荒木栄の不朽の名作〝がんばろう〟もEという高い音から入るが、インパクトがあり合唱曲としてはこれで良かったのかもしれない。久野は自らの体験を簡潔に力強く表現したが、あの原詩なくしてこの歌は生まれなかったことだろう。

未完成であった曲を完成させてくださった中電創作グループの皆さんには心からお礼を申し上げたい。

（山崎昭広）

四　憲法の風よ

12　涙で破れた菓子袋　（詩：出木みつる／曲：山崎昭広）一九八六年

「母さん！あのね…
　ぼくの席だけ無いんだって」
「帰れ！」といわれて持って帰った菓子袋
あの日は友だちの誕生会の日だった
皆と一緒に食べたかった
涙で破れた菓子袋
「父さん！あのね…
　ぼくは遠くても平気だよ」
一人ぼっちで通った2キロの道だけど
みんなと一緒に楽しく遊んだ幼稚園
笑顔がいっぱいお友だち
　だから遠くても平気だったよ
呼んでも、呼んでも
誰も振り向いてくれないよ
冷たい、冷たい川の底にぼくひとり
学校のようにみんなと一緒に遊べたら…
もう二度とみんなと遊べない
　二度と学校へも通えない
父さんの強くて太い腕の中
　母さんのあったかい胸の中
ぼくはそこで生きてるんだ

（楽譜 29頁）

一年生で旅立ったK

職場の陰湿な差別は社宅まで達し、原告の妻や子供にまで影響が及んだ。

Hの長男Kは明るく元気な子どもであったので、社宅の子どもたちは親の目が届かないところでKと遊んだ。ある日，Kは息せき切って帰ってきた。「O君のお家に集まって、皆でお菓子を食べるんだって」。Kの母は慌てて菓子袋を用意し持たせてやった。それを手に，Kは弾むように飛び出して行った。間もなくしょんぼり帰ってきたKの手には菓子袋が、頬には一筋の涙が。Kはただ一言。「…O君のお母さんが『あなたの席はないよ』…だって」……。

悲劇が起きたのは裁判提訴一年目の昭和五一年（一九七六年）五月のことであった。Kはその年四月、小学校へ入学したばかりであった。

当時、Hの家族は中電社宅に入居していた。その北を中川が流れていた。その日Kは社宅の子どもたちと遊んでいたが「中川へ行こう」ということになったようだ。悲劇は突然やってきた。Kが深みに嵌ったのだ。その後，Kは変わり果てた姿で発見されたが為す術はなかった。

Kの告別式は市内の寺で行われた。Hは会社の弔問者を遺体が安置された畳の間に入れなかった。以後HはKのことについて一言も喋らない。彼の陳述書にはKの死については事実関係が淡々と描かれているだけである。Hの陳述書をもとに、原告出木みつるは、散文詩「Kへの手紙」を書いた。その詩に原告山崎昭広が曲をつけ、題名も「涙で破れた菓子袋」に変更した。三重県縦断コンサート『光は束となって』の尾鷲公演で曲は詩の朗読時のバックミュージックとして上演された。

（山崎昭広）

13　良心《こころ》の道標《みちしるべ》（作詞：今野　強／作曲：三上芳樹）一九八七年

1
ぼくたちのたたかいは
星を見上げる子どものように
すんだおもいとふくらむ夢さ
あつい涙を笑みでつつんで
励まし励まし育んできた
いま確かなかがやきを増して
僕たちの生きてく
　こころのみちしるべ

2
ぼくたちのたたかいは
小さな星くず銀河のように
みんながみんなを光らせるのさ
ゴールがかすんでゆらいだときに
励まし励まし育んできた
いま確かなかがやきを増して
僕たちの生きてく
　こころのみちしるべ

（楽譜　31頁）

文化の香りを争議支援のうたに

この歌は、東電合唱団を結成した一九八八年以前に、東電争議を支援する地域組織のメンバーが作詞・作曲した曲である。
この歌に出会ったときは、詩の内容、奏でるメロディーを聞いても、やわらかく、純心さと温かさが体感に伝わってきた。作詞者の今野さんも作曲者の三上さんも、ともに東電争議を支援する会員であり、地域の郵便労働者である。同時に日本フィルハーモニーの演奏者のことや演奏曲などにとても詳しく、文化の香りを感じさせる芸術性を持ちあわせた労働者だった。

東電争議の社会的包囲の運動づくりは、当初本店のある東京の都心三区（千代田・中央・港）を中心に進め、次に周辺の地域、原告のいる職場を中心に支援組織をつくってきた。中でも東京の北部にある板橋地域は、日フィルなどの解雇争議を闘ってきた豊富な経験もあり、闘いの中に文化が息づいていた地域でもあった。そして東電争議においても、いち早く文化行事を取り入れた地域であった。

この歌は、一九八七年、千葉県での合唱発表会に「かめの子合唱団」として、東京千代田の合唱発表会では「電力東京合唱団」を立ち上げ、演奏した。千代田の演奏では、「光は束となって」との創作曲二曲だったので電力の職場と闘いが反映され高い評価を受けた。

翌年、東電合唱団が結成された。団活動は二四年間続いたが、自分たちの創作曲、持ち歌としてうたい続けてきた。特に集会での開幕や東電合唱団の出だしの曲としてふさわしく、大いに取りあげられた。

（太田春男）

14　雲に旗なびく　（原詩：返田　満／原曲：山崎昭広／作詞・作曲：89電力のうたごえ）一九八九年

1
雲に旗なびく　風に心鳴る
高い峰めざし　われらは登りゆく
ああ険しきこの道
ああ光呼ぶ
権利守る者　電力労働者

2
小鳥高く飛び　花に歌うたう
開く未来めざし　われらは進みゆく
ああ職場の夜明け
ああ自由呼ぶ
命守る者　電力労働者

3
胸に涙秘め　友と誓った日
勝利目指して　拓く我が歴史
ああ不屈に闘う
ああ仲間たち
心守る者　電力労働者
ああ不屈に闘う
ああ仲間たち
心守る者　電力労働者

（楽譜　32頁）

三電力争議団合同の創作合宿でうまれたうた

作詞者返田満（東電原告）の原詩から直感的に浮かんだ風景は風雲急を告げる台風前の光景であった。〝雲に旗なびく〟と書かれたインパクトの強い題名がそういう連想を生んだのであろう。あるいは、電力争議団のおかれている当時の状況がそういう思いにつながったのかもしれない。

一九八九年七月、電力文化活動者会議が招集され三電力の代表十数名が、安倍川上流の民宿で顔を合わせた。当時、東京・関西・中部の三電力争議団は、うたごえ運動を通して連帯の輪を急速に広げつつあった。三電力共通の闘いの歌として「光は束となって」が歌われていたが、合同で創作した闘いの歌はなかった。電力の詩人といわれた返田が〝雲に旗なびく〟を書いた背景にはこうした事情がある。山崎は身の引き締まる思いで作曲に挑戦、マーチ風の曲を書き上げた。口角泡を飛ばしての議論の末〝雲に旗なびく〟は誕生したが、相当な難産であった。一泊二日のこの経験は、お互いの連帯を強め、親近感を深めその後の電力争議団連帯のさきがけとなった。

十一月「'89日本のうたごえ祭典」(長岡京で開催)では、電力のうたごえとしてスクラムコンサートに出場、三電力に加え北陸・中国電力の仲間もステージに立ち、共にこの歌を歌った。その誇らしげなうたごえは今も耳に残る。電力の労働者がスクラムを組み、高らかに歌ったあの輝かしい一コマと共に風化することはない。

(山崎昭広)

15　仲間のきずな　（作詞：太田春男／作曲：大野文博）一九九一年

1
街につらなるこの電柱
ひとつ足場に胴綱《どうづな》きって
地下足袋姿も恥じらいながら
二階の屋根を下にみて働いてきた
そんなあいつが突然言った
「今日からお前とは付き合わない」
いまでも忘れぬ血の引くおもい
街を照らすこの明かり
差別のない職場からとどけたい

2
六千ボルトの高圧線素手でさわれば
イチコロだ
バインド巻くペンチがジィジィ音をたて
おれたちは命がけで働いてきた
そんなあいつがそっと言った
「職場の世直し、してほしい」
今でも崩れぬこころのきずな
街を照らすこの明かり
差別のない職場からとどけたい

（楽譜　*33*頁）

くさびをはね返す

会社は電柱の高い危険なところで仕事する労働者に容赦なくくさびを打ち込んでくる。電柱には、通称「足場ボルト」が四十五センチメートル間隔にねじ込まれている。高いところで、二人で仕事するときは、一本の足場ボルトに二人の足を寄せ合い、体重をかけ、胴綱をきって（掛けて）踏ん張って仕事をする。配電労働者で原告になった高橋に、一緒に仕事していた同期の仲間達が、ある日突然「先輩のUさんと付き合っているらしいが、辞めた方がいい」、「辞めなければ、お前とはいっさい縁を切るからな…」と言い、立ち去った。彼は呆然と立ち尽くしたという。

その話を裁判対策会議で聞いた作者は、明るい電気をとどける職場になんと相応しくないことかと、この歌を創作した。多くの原告が会社の孤立化攻撃の中で悔しい思いをした出来事として、これを取りあげた。どんな気持ちだったろうか！　こんな職場は絶対許してはならない。そんな想いを綴った歌である。

作曲の動機は、東電合唱団を結成して三年目の一九九〇年六月に、中央合唱団、代々木病院合唱団バンブーとの「ジョイントコンサート」である。三者の代表で創作会議を立ち上げ、中央合唱団の援助を得ながらつくりあげた。この「仲間のきずな」は、「みそ汁の歌」で紹介した嶋田の持ち歌にもなり、「みそ汁の詩」につぐ職場の実態を伝える歌として闘いの力になっていった歌である。一九九五年十二月に東電差別撤廃争議が勝利解決し、「東電合唱団」から「東電合唱団きずな」に名称変更したのも、この歌の詩の背景と深い関係があった。

（太田春男）

五　俺たちの年輪

16　俺たちの年輪　（作詞：石黒真知子／作曲：林　学）一九九一年

1 今　俺たちは　誇らしげにかざす
たたかいながら刻んだ
俺たちの年輪を
嵐によじれた　枝
日照りにうたれた　幹
土深く埋めた悲しみ　抱きとめて
傷ついた身体で　大地に根を張り
恥じることのない昨日
しっかりと刻む

2 今　俺たちは誇らしげにかざす
たゆむことなく刻んだ
俺たちの年輪を
山深く湧き出る　水
枯れた葉を落とす　風
故郷のうたをうたう　鳥たち
俺たちを包んだ　幾重ものこころを
揺らぐことのない明日を
しっかりと刻む

俺たちは胸をはり　扉をたたく
俺たちは両手を拡げ　天を支える
そのとき
森の木々は目をさまし
枝を鳴らすだろう
木という木はうたい　森が動き出す
木という木はうたい　森が動き出す
（楽譜　34頁）

自らの人生をみつめたうた

人は考える芦といわれる。自然界に生きる植物の姿から自らの人生を見つめることも多い。このとき私たちは二〇年におよぶたたかいをひとりひとりが見つめ直していた。「おれたちの年輪」から伝わってくるメッセージを胸に受け止めて私らは涙して歌った。職場をみつめ、仲間をみつめ、おれたちが生きていること、おれたちが闘っていることをみつめていた。壮大な時代の流れの中で「おれたちは胸をはって」、自分なりに誇れることなんだよ…と噛みしめた愛唱歌である。「みそ汁の詩」をはじめ石黒・林コンビで生まれる歌は、いつも私たちを熱く励ましつづけた。

（出木みつる）

17　掛時計の贈物　（作詞：石黒真知子／作曲：林　学）一九九三年

あいつと一緒になるとお袋さんが悲しむぞ
あいつは会社の敵だぞ　社宅にも入れないぞ
あの娘は涙をためて俺を見た
茨の道の旅立ちだった　つつましやかな
茨の道の旅立ちだった　つつましやかな

結婚祝う言葉さえ誰もかけてくれない
冷たい視線の中で心揺れる時もあった
あの娘は唇かんで俺を見た
同じ道を共に歩くと誓ってくれた
同じ道を共に歩くと誓ってくれた

昔の職場の仲間から掛け時計の贈り物
熱い胸の鼓動のように掛け時計が動いてる
　煤けた小さな部屋に灯りがともる
　明日の歌を時計が歌う
あたたかく心まげずに闘う勇気いつまでも

（楽譜36頁）

山崎昭広陳述書より

表題の「掛け時計の贈り物」は、結婚に際して会社が行った差別をテーマにした作品である。陳述書を読み返してみると今でも四十五年ほど昔の体験がリアルに甦ってくる。

山崎の陳述書から抜粋して「掛け時計の贈り物」の背景を描いてみた。

結婚は人生の重大な岐路であるが、会社にとっても当人を転向させる最大かつ最後のチャンスと見てのなりふり構わぬ攻撃だったと思う。転向に成功すれば会社は新たな情報を得て、弾圧の範囲を広げ、活動家や同調者を孤立させることができるからである。指導的立場にあったMさんやTさんの転向も結婚を前にしての出来事であったと聞いている。

一九七一年当時、私は尾鷲三田火力発電所、婚約者の郁子は名古屋支店発変電課に勤務しておりました。以下郁子の日記によれば、同年三月、彼女は直属長のM係長に婚約したことを告げ、尾鷲への転勤を願い出たところ、婚約者の名前を尋ね「出来るだけのことはしてみます」との好意的な回答を残し、席を外した。戻ってきた係長の顔色を見て、私は「何かあったのかな」と即座に思った。三時に係長から喫茶店に誘われ、そこで彼について色々質問された。さらに、家族にお会いして話がしたいと言われたので、私はきっぱりと拒否したが、強引に来訪されそうな感じだったという。さらに、後日の日記にも係長との面接の様子が記されている。M係長に声をかけられ、栄公園の喫茶店へ行く。そこで彼について話してくれたが、注目されている人物の一人とのことであり、結婚を「考え直せ」というはっきりした言い方であったと書かれています。

私は、彼女の話から本店労務人事課でマル特対象者をリストアップしてその動向を監視していた事実を始めて知りました。そして、その情報を元に見も知らずの他人を中傷し、結婚を妨害している会社に言い知れぬ怒りがこみ上げてくるのを禁じ得ませんでした。憲法で思想の自由が保障された日本において、断じて許されることではないと考えます。

それとともに、私の結婚に際しての職場八分のエピソードを陳述します。

私たちの職場では、仲間の結婚に際しては広く奉賀帳が回され、多くの人たちからお祝い金が寄せられます。本人の所属する係で取り纏めお祝い品を贈ることを常としていました。それは職場の不文律でもありました。しかし「職場八分」状態の私には、そうした話は全くありませんでした。無論、期待などしていませんでしたが、式の日が近づき、それが現実となった時の惨めさは今も忘れることができません。私はその気持ちを誰にも話さず、心の奥にしまったまま結婚しました。

結婚して一ヶ月ほど経ったある日、中部火力（現中部プラント・中部電力の工事元請会社）のSさんが、社宅を訪問されました。昔、一緒に仕事をした中部火力の人たちが話合って、お祝いにこの掛け時計をプレゼントすることにしたのだそうです。

その大切な掛け時計は、元気に時を刻んでいましたが、今はもうありません。しかし、明るいオレンジ色の掛け時計はあの日の感激と共に、今も私の心の中で動いているような気がします。（以上陳述書より）

石黒真知子と林　学は、数多の差別の中から、この掛時計の一点に絞り詞を書き、歌にし、中電の差別を糾弾した。長い陳述書を読み返すことは先ずないが、歌になった「掛け時計」は今も時々耳にする。歌は歴史を後世に伝えると共に、時間を再現する力を持っているように思う。

（山崎昭広）

18　閉じたままのその目に　（作詞：出木みつる／作曲：山崎昭広）一九九三年

菊の花に埋もれて今
夜明けを待たず　旅立つ
澄んだ瞳であなたは
未来を見つめ続けた
閉じたままのその目に
友よ　永久に映せ
共にかざした　旗の色

氷雨降る夜道駈けて
電話の声は震えた

恋する人にあなたは
平和を語り続けた
閉じたままのその目に
友よ　永久に映せ
共にかざした　旗の色

菊の花に埋もれて今
夜明けを待たず旅立つ

（楽譜　37頁）

夜明けを待たず旅立った同志たちへ

野村清澄が逝去した一九九一年一一月から、翌年七月にかけての八カ月という短い期間に四名もの同志たちが相次いで亡くなった。

野村は中電裁判の初代事務局長であり争議団の重鎮として、また理論家、戦略家としても争議団に欠くことのできない人物であった。また文化運動にも造詣が深く「みそ汁の詩」の原詩を書いたことでも知られる。野村の死は争議団が同志を失った初めての経験であり、団は戸惑い深い悲しみに包まれた。一九九一年十一月二九日、享年五十七歳。その悲しみが癒えぬ間に次の悲しみが襲った。一九九二年二月七日、支援する会の鈴木春男が逝く。鈴木は原告ではない。既に関連会社に出向しており、そこからの支援であった。中電在職者とは違った苦労があったに違いない。中電争議団の文化とも言われた合唱団「いなづま」の一員として舞台にも立った。「みそ汁の詩」の不動のソリストでもあった。野村と同じ脳腫瘍であった。享年六十一歳。一九九二年五月一九日この二人の後を追うように原告望月文博が逝った。彼は長野ブロックの代表者であった。磊落な性格は周りの人を和ませてくれた。これから争議も胸突き八丁に入るという所であり、その存在が期待されていたのに、思いもよらぬ急逝であった。享年四十九歳。悲しみはさらに続く。三重の原告出口勝雄が亡くなったのは、一九九二年七月二六日、真夏の昼下がりの日曜日の交通事故であった。享年五十二歳。出口は中電争議団の議長であり、その手腕が多くの人に注目されていた矢先の逝去であった。

争議団は想像もしなかった試練と悲しみを乗り越え、勝利に向かって団結し闘っていく決意を胸に第一歩を踏み出していく。

出木みつるが「閉じたままのその目に」を書き、山崎昭広がそれに曲をつけた。

この歌が初めて歌われたのは、野村の追悼会であった。力強く再出発することが、故人への最大のはなむけになることを信じつつ合唱団「いなづま」は心をこめて歌った。そして、この歌は五・一九総決起集会の第二部の合唱構成『あした晴れ青い空青い海』の構成曲の一曲として大合唱団によって歌われた。その後も志半ばで倒れた同志の鎮魂歌として、歌われ続けている。

因みに、出木はこの歌詞に野村から妻ヒデコへというメッセージを秘かに入れた。1番の歌詞の頭文字を順に追っていくと「キヨスミ」となり、同様に2番は「ヒデコへ」となる。

作詞者出木の遊び心だろうか、それとも残された妻へのいたわりであったであろうか。

野村は笑いながら黄泉の国へ旅立ったことであろう。


（山崎昭広）

19 亡き友よ（作詞：しんどうしげり／作曲：山崎昭広）一九九三年

野村清澄　出口勝雄　望月文博　三君に捧げる

1

2

おゝ　我が仲間生死を超えて
燃ゆる思い何処にかあらん
されど今日一日
明日もまた一日
思えばさらに果てる日もなく
胸熱く闘いの日が続く

3

胸高鳴らせ
闘いの日は燃える
亡き友よ　甦れ今
あゝ　その笑顔　高く輝け
あゝ　その声よ　我が胸に響け

（楽譜38頁）

ベレーが似合う熱血弁護士

この曲の作詞者しんどうしげりは、藤井繁のペンネームである。藤井は中電人権裁判の原告側弁護士として提訴から和解終結まで訴訟指揮にあたった。原告たちからも仲間の弁護団からも、その情熱的な仕事ぶりは尊敬のまなざしで見つめられていた。一九八六年一〇月には、藤井を讃えるうた「小粋なベレー」を争議団が作り、藤井に贈ったというエピソードも残る。

表題の「亡き友よ」は亡くなった野村、望月、出口の三原告の追悼歌である。追悼歌としてはすでに、出木の「閉じたままのその目に」があった。出木の詩は口語調で、曲も現代風に仕上がっている。一方、藤井の歌詞は文語調の重々しいもので、どちらもマイナーの曲であったが、「この悲しみを皆で元気に乗り越えよう」、そんな思いを込めてこちらはマーチ風である。どちらも甲乙つけがたいものであるが、よく歌われたのは出木作品の方であった

藤井はそんなことには頓着せず、その後も、新しい詩を手書きした紙片を山崎に手渡し「また頼むよ!」という声と共に風のように立ち去ることが多々あった。

藤井は、争議途中に脳梗塞で倒れ、幸い一命は取り留めたものの弁護士活動と共に文化活動も創作活動も大きく後退したのは残念なことであった。

皆を励まし、皆に慕われた赤ひげ弁護士こと藤井弁護士の訃報が争議団にもたらされたのは争議終結後である。

(山崎昭広)

六　原発はいらない

20　その日から　（原詩：出木みつる／作詞・作曲：93電力創作会議&林　学）１９９３年

1
一生懸命働くことが
命を切り売りすることと
誰が気付いていたのだろう
その日まで知らなかった
原発で働き死んで逝《い》った息子よ
知らなかったことが
私には悔やまれる
2
裸の体に重ねて着ても
塵《ちり》払うだけの防護服《ぼうごふく》
胸のアラーム被爆の悲鳴
血を汚し骨蝕《ほねむしば》む
原発で働き死んで逝《い》った息子よ
つらさこらえたままで
見つめた目いじらしい
3
労災基準の十倍までは
被爆していてもいいのだと
うそぶき逃げる電力会社
命に違いがあるものか
原発で働き死んで逝った息子よ
言えなかった思い
胸に重ね抱きしめる

4　青春のすべてささげた日々が
ふいてもふいても血に染まる
命の重み闇の中へ
葬《ほうむ》ること許すまい

原発で働き死んで逝った息子よ
その日からこのことを
私らは語りつづける

（楽譜　39頁）

息子はなぜ白血病で死んだのか
―浜岡原発で被曝労災死した嶋橋伸之さんの母の叫びを歌に―

二〇一六年一〇月二〇日は二十五年前（一九九一年）に中部電力浜岡原発で被曝労災死した嶋橋伸之さんの命日です。この日静岡市に伸之さんのお母さんの嶋橋美智子さんを招いて懇談会が開かれた。当時労災認定を求めて署名運動を全国的に展開したひとたちや現在再稼働許すな、の住民運動を進める人達など三十余名が集まった。

私も久し振りに会い「その日から」を歌うなど旧交を暖めることができた。そして、変らぬ「美智子節の語り」に耳を傾けました。「…労災申請をしてすぐに浜岡の我が家へ来てくれたのが出木さんでした。中電の人の中にも原発反対の人がいたことを初めて知りました。一緒にオルグするときは私が被曝死労災認定を、出木さんが人権裁判を話すのですが、私のしゃべり過ぎで出木さんの歌まではなかなか……。息子が就職して二～三年経ったころ毎週のように浜岡から横須賀の実家へ帰省していた伸之が『友達がみんなやめるから、自分もやめたい』というので『石の上にも三年、今が一番辛い時だ。それを越えればベテランだ』と諭したり、帰るのを渋る息子を東名高速で浜岡のアパートまで送っていったりと、仕事の中身も知らないままに『頑張るんだよ』を繰り返していました。……、人一倍責任感の強い息子は技術主任となり、十年間原発一筋に炉心の底にもぐり定期点検・計測器のメンテナンスを続けて来ました。亡くなった後から会社に求めた放射線管理手帳で労災認定要件の被曝線量以上の放射線を浴びていたことを知りました。……、私たちに対して会社からは、事を公にしないように、と様々な圧力がありました。原発はそこで働く人の被曝の上に成り立っている。若者たちの命と健康を守りたい。再稼働は絶対許してはいけません…」と。

（出木みつる）

モルモット扱いするな！——「中部電力女子社員の原発炉心研修計画」の強行を阻止——

原発問題では、争議団はすでに様々な形で「原発の安全神話」とたたかっていた。一九八八年、マスコミが「中部電力は全女性社員を浜岡原子力発電所の原発炉心近くへの安全体験研修を計画」（中日新聞、一九八八年六月八日）、と報じ、職場女性労働者の間に大きな不安と怒りが巻き起こった。「モルモット扱いはやめて」、「会社は母性保護を全く考えていない。無神経だ」と、三名の女性原告が記者会見を行い、名古屋をはじめ中部五県下へ「研修計画の即時中止」を求めるビラの配布など抗議行動を展開した。テレビ・新聞などマスコミが大きく取り上げる中で、中部電力は世論に押され、「原発研修計画中止」をわずか四十九日の闘いで中止させた。

この闘いの中で「防護服のモルモット」（原詩：浅井正人、作曲：山崎昭広）が生まれた。

しかし、根強い安全神話の下で、嶋橋さんのような悲劇はくりかえされていたのである。

（刈谷　隆）

21 芦浜の海はいつまでも

（原詩：出木みつる／作曲：林　学）１９９３年

―南島町の子どもたちへ―

1
僕らにきれいな海をのこそうと
父さん母さん
原発はごめんだと叫んでる
かよちゃんの父さんも怒ってる

2
おばちゃんそんなのないよ
かよちゃん転《こ》けて泣いたら
「あんたどこの子反対派の子？」
顔だけのぞいて行っちゃった

3
母ちゃんそんなのおかしいよ
学校では仲良しコンビでも
帰ってくれれば遊ぶなと
同じ古和浦の子どもなのに

4
子ども同志親友同志
傷つけあうのはもういやだ
お金でつられるのはもういやだ
海はいつまでもきれいに

5
僕らは浜をかけるよ
岩ツバメのように
友情はいつまでも続けたい
芦浜の海はいつまでも

（楽譜 40頁）

芦浜原発建設反対住民運動と連携

中電人権争議を支援する会が「海から眺める芦浜」というツアーを組んだ。碧い海の美しさ、緑の山々に囲まれて白い砂浜のまぶしさに接し、改めて芦浜の美しさを認識した。

「中電に芦浜の海を渡すな」「芦浜に原発を建設するな」原発建設に反対する地元の人たちの声が、伝わってくるような光景であった。海を、漁を、自然を、愛し守ろうとする叫びであった。

中部電力は、住民を賛成派と反対派に分断し、反対派には露骨な差別を行った。それは職場で行われていた人権侵害と相通ずるものがあった。共に与し闘う相手が中部電力であることを、中電争議団と反対派住民は認識しあった。

手塚征夫（南島町議員）の尽力で、何度かの訪問の機会を得て地元の人達との交流もでき、そこで語られたことを基に詞を作り、名青の浜島さん、林学さんの熱気あふれる取り組みで「芦浜の海はいつまでも」が生まれた。

一九九六年一月、同町で開催された「春を呼ぶ南島町民のコンサート」は、子どもたちもいっしょにうたう舞台となり、これまでにない大きな集いとなって、芦浜原発反対の住民と、人権裁判を闘う中電労働者の闘いは力強い連帯を示した。

なお、一九九七年五月、名古屋公会堂で開催された中電争議団文化大集会『花風に開く』には、遠く南島町から住民の方々が大漁旗をもって参加、彩をそえた。

芦浜には、現在も中部電力による原発建設の表だった動きはない。

（出木みつる）

七　勝利へ

22　風を頬に感じて

（作詞：出木みつる／作曲：山崎昭広）一九九五年

1
風は草原を越えて種をはこぶ
風は山脈を越えて種をはこぶ
風を頬に頬に感じて
風を風を心に感じて
種を埋めようこの大地へ

2
風はうなばらを揺らし雨をはこぶ
風は黒雲を揺らし雨をはこぶ
風を頬に頬に感じて
風を風を心に感じて
芽生える朝をこの大地へ

3
風は太陽をめぐり光はこぶ
風は地球をめぐり光はこぶ
風を頬に頬に感じて
風を風を心に感じて
春を呼ぼうこの大地へ
春を呼ぼうこの大地へ

（楽譜 41頁）

勝利の風、憲法の風を

この歌の風は「勝利の風」であり、職場の中に「憲法の風」を吹かせる風でもある。その風を、頬でしっかり感じよう！　職場に新しい息吹をつくりだそう！　職場に種を撒き、芽生えを創り出そう！

一九九五年九月、関電人権裁判は、最高裁で画期的な判決を勝ち取った。そして、東電差別撤廃闘争は、群馬地裁から始まった地裁判決が次々勝利（五地裁）し、一九九五年十二月に東京高裁で全面勝利の和解を勝ち取っていた。

この曲は、電力争議が勝利に向かって大きく前進している一九九五年十一月、創作されたのである。

翌年、この楽譜が東電合唱団にも送られ、早速レッスンで歌ったところ、「今の私たちの気持ちにぴったりする」と受けとめられた。職場の中に憲法の風を！　とたたかってきた東電差別撤廃の争議が勝利解決し、職場の中に新たな闘いの風を吹かせようという高揚があった。合唱団としても勝利を感じさせる明るい歌がどうしても欲しかったのである。その後、合唱発表会や様々なところで歌われ、地域の合唱発表会で演奏したこの歌の評価は、「とてもさわやか」、「明日を感じる演奏」等々との評価を得るなど好評であった。電力争議解決七・五・三コンサートでは、作曲者から自分が想像していた意図以上の演奏だったとの感想が語られた。

（太田春男）

23 紫陽花のたより

（作詞：出木みつる／作曲：山崎昭広）一九九六年

1
紫陽花の季節のあなたのたより
「毎朝のアルバイト、カンパします」と
短い言葉につづられた思い
降るたびに紫陽花が濃くなるように
ああ雨が心に染みてます

2
紫陽花の季節のあなたのたより
「いつもの冷や麦お願いします」と
一枚の手紙につづられた思い
寄り添う花びらがふくらむように
ああ雨が心に染みてます

3
紫陽花の季節のあなたのたより
「働く仲間のうた届けます」と
滲んだ葉書に寄せられた思い
花房を雨だれが叩くように
ああ雨が心に染みてます
ラ・ラ・ラ……
ラ・ラ・ラ……

（楽譜 42頁）

紫陽花の君――モルゲンレーテのような

この曲の主人公となる津市の山本美千代さんから、毎年カンパを同封した励ましの手紙が届くようになったのは中電裁判がほぼ半ばに達した頃であった。それは紫陽花が美しい花を咲かせる時期と、晩秋の落ち葉が地上を艶やかに染める季節の年二回、裁判終結まで約一〇年ずっと続いた。

きっかけは、妻が入会していた朝日新聞のコラム欄〝ひととき〟投稿者の〝いずみの会〟である。私の長男は自閉症であり、私たち夫婦は地域と共に生きる子育てを目指していた。妻が新聞に投稿し続けたのは、長男のことを広く知ってもらいたいためであった。その会で山本さんの友人を通して妻と知り合い、私が中電裁判の原告の一人であることを知った。山本さんから初めてのカンパが手紙と共に届いたのは、紫陽花の季節であった。この手紙が、以後約一〇年の文通の起点となる。手紙を通して、カンパの原資が山本さんのアルバイト代であることも知った。

出木が「紫陽花のたより」という詩を書き、私がその詩に曲をつけ山本さんにプレゼントしたのがこの曲である。このエピソードは月刊雑誌〝グラフこんにちは〟で全国へ紹介された（一九九六年四月）。うたごえ仲間の間ではいつしか〝紫陽花の君〟と呼ばれるようになった。

歌の方は、出木も山本さんも評価してくれたが、出だしがドイツ民謡の「モルゲンレーテ」に似ていると ある人に言われた。歌が出来た時、心のどこかにその懸念があり、何度もこの部分を変えようと試みたが、それは全体の枠組みを変えねばならぬことを意味した。内心忸怩たる気持ちのまま、修正も作り直しもしなかった。何よりもこの詩に一番相応しい曲だとの確信もあった。因みに〝モルゲンレーテ〟は「朝焼け／夜明け」と翻訳される。私の作品の中では、今も一番気に入ったもののひとつである。

（山崎昭広）

24　君の涙　（作詞：出木みつる／原曲：山崎昭広／作曲：'96電力創作会議／編曲：木下そんき）一九九六年

―裁判勝利判決の日に―

駈け寄ってくる君の瞳が燃えている
肩抱きとめて揺さぶりつづける
君の瞳が燃えている
勝ったんだよ　勝ったんだ
ほんとに勝ったんだよ
高鳴る思い秘めて流れる
君の涙が　君の涙が　君の涙が美しい

写真を抱いた君の瞳がふるえてる
判決聞いたその時から
君の瞳がふるえてる
永かったね　永かった
ほんとに永かったね
ほとばしる思い捧げむせぶ
君の涙が　君の涙が　君の涙が美しい

いつも無口な君の瞳が語り掛ける
今にも涙があふれそうな
君の瞳が語りかける
勝ったんだよ　勝ったんだ
ほんとに勝ったんだよ
こみ上げる思いかみしめている
君の涙が　君の涙が　君の涙が美しい

（楽譜43頁）

中電裁判勝利の日

一九九六年、三月十三日、中電人権裁判判決の当日、詰めかけた多くの人たちは法廷前の歩道にまであふれ判決の瞬間を今やおそしと待っていた。勝利判決の瞬間、法廷内はちょっとしたざわめきに包まれ「勝ったのだよ」という囁きが傍聴席を稲妻のように駆け巡っただけで、すぐに元の静けさに戻った。時を移さず、弁護士は、勝訴と書かれた紙を両手で高く掲げ、屋外の歩道で待つ人たちに〝勝訴〟を知らせるべく走った。どよめく歓声。弾ける笑顔。頰を伝わる歓喜の涙。そこには百人百様の表情と光景が現出された。感情を押し殺したような法廷内の雰囲気とは対照的に、感情を爆発させたこの光景が苦節二一年目の勝利にふさわしい光景であった。

詩人の出木はこの光景を見事に切り取った。作曲者山崎は、〝駈け寄って来る君の瞳が燃えている〟という導入部と「君の涙が美しい」の最終フレーズに着目した。最初の曲想は、導入部は一六分音符の連続でせわしない。中盤の「勝ったんだ。本当に勝ったんだ」で冷静さを取り戻し「君の涙が美しい」でしめるという手法をとった。要するにメロディよりリズムを重視したのである。

合唱団「いなづま」の定例練習時に浜島康弘の伴奏で試作曲を皆で歌ってみた。「勝ったんだ」の部分で異論が出た。勝ったんだという思いが自分たち内輪だけのものになっていないか。裁判原告も支援した多くの人たちも共に闘い勝ちとった勝利という共通の喜びが伝わってこない。だから、勝ったんだと言っても、返って来る言葉は「ああ…そうかい。良かったね」になってしまっている。リズム重視でメロディの大切さを忘れていたことへの注意であった。そこで、再度、基本に戻って、リズムとメロディの整合性を考えた曲に作り変えた。作曲家木下そんきが自発的に編曲したことは後で知った。ともあれこの曲はこうして完成したのである。

平成九年五月二五日に名古屋公会堂大ホールで開かれた文化大集会『花、風に開く』のテーマ曲として一〇〇名ほどの「光束合唱団」が歌った。勝利を目前にしてのことだった。

あの時、浜島さんや合唱団「いなづま」の指摘がなかったら、この曲は日の目を見なかったかも知れない。創作は多くの人に支えられ、鍛えられながら生まれるものだというひとつの典型である。

（山崎昭広）

25 人権列車がはしる

（作詩：近藤正博／作曲：砂野　宏）一九九六年

1
人権列車が走る
みんなの願いを乗せて
人権列車が走る
みんなの怒りを集め
勝利に向かって未来に向かって
走れ走れ走れ人権列車

2
人権列車で行こう
みんなに声かけあって
人権列車で行こう
みんなの思いもおなじ
勝利に向かって未来に向かって
走れ走れ走れ人権列車

（楽譜 44頁）

勝利に向かって人権列車は走った

第一章、第三章でのべたように関西電力の思想差別裁判の中で中心的に闘ったのは「人権裁判」といって、神戸支店内の四人の原告が中心になり、地裁・高裁・最高裁の全てで勝利した争議である。四人は一九七一年四月三〇日、法務局に訴え、翌日のメーデーでは各新聞が関電の異常な社員いじめを「思想調査や職場八分」などと報じ、多くのメーデー会場はこの話題で持ちきりになった。

このような人権侵害を許してはならないと各地に支援共闘会議が結成された。国連への要請行動、全国の労働組合や民主団体へのオルグ活動を展開、また、関電の各地で賃金差別是正を求める裁判が開始された。九五年九月五日、最高裁は「職場における自由な人間関係を形成する自由」を侵害したとして、原告全面勝利の判決を下した。しかし関電本店は「関電の主張が認められなくて残念」などと述べ、受け入れなかったのである。「法治国家なのに一企業が最高裁に従わない」という怒りは支援組織全体に広がり、翌九六年から九九年まで本店を包囲する五千人の昼デモが展開された。

九六年のはじめに姫路の仲間から「姫路から大阪まで貸し切りの人権列車を走らせよう」との提案があり、国労の仲間と相談して実現。これに呼応して、東京から新幹線一両貸し切り、和歌山からバス一台、本店を包囲するデモを迎える四人のジャズバンドなど、抗議行動は日増しに高まった。

一二月八日、ついに関電は和解を受け入れ、原告および社長申入れ者一〇一人の勝利が確定したのである。

（砂野　宏）

八　闘いは今も

26 指輪　（作詞：栗木英章／作曲：勝　功雄／補作：林　学）二〇〇二年

1
眠りつくまで手を握ってほしい
闇に浮かぶ赤くはれた瞳
ひと月休みもなく帰宅はいつも深夜
疲れたのでしょうゆっくりと休めば
差し出す手に汗ばむ手が握りしめすがる
その手の指輪は私たちの絆
あなたは負けないで
負けないであなた

2
朝早く河原の車の中
炎に身を投げたあなたのむくろ
空に伸ばされたその手の先に
二人の指輪は残されていなかった
コストダウンに目標管理
夜ごと日ごと厳しい
仕事に追い込まれたのね
貴方を殺したのは誰
あなたを返して
返してあなた

（楽譜 45頁）

過労死は夫から指輪も奪った

一九九九年一一月、中電人権争議が勝利して二年後、中部電力火力センターに勤務する三六歳の技術労働者が、自家用車の中で焼身自殺をしたというショッキングなニュースが新聞で伝えられた。

遺族は、二〇〇〇年一〇月に名古屋南労働基準監督署に労災認定を申請したが認められず、名古屋地裁・名古屋高裁への闘いに移った。

彼は、一九九九年八月に主任に昇格したが、そのころから残業時間が増え、八月以降一〇月までに一カ月当たりの平均が八〇時間、一〇月には一二三時間、一一月には死亡する前日の七日までの七日間で四〇時間という長時間の残業であった。さらに、主任に昇格しても上司の副長から十分な支援を受けられず、加えて、課長は、課員みんなのいる前で叱責したり、結婚指輪をしていることに対しても「そんなチャラチャラしたものは外せ」と言うなどプライバシーに関わるような干渉までしていた。いわゆるパワー・ハラスメントである。これらの心理負荷が重なり、一九九九年九月下旬には「うつ病」を発症し、一一月八日に自殺に至ったのである。そしてその指輪は家の机に置かれていた。

長時間労働など過労労働による自殺として労災認定等認める勝利的解決を手にすることができたのは、六年後の二〇〇六年八月であった。

丁度そのころ、三電力による「電力争議解決七・五・三記念コンサート」が企画されていた。企画会議に参加していた劇作家であり演出家（劇団名芸）である栗木英章が作詞し、関電の勝功雄が作曲したのがこの歌である。「指輪」は、合唱構成「おれたちの年輪」の主要な構成曲の一つとして位置付けられ、三会場ともに演奏された。

（刈谷　隆）

27 僕らは関西の若者群団 （作詞・作曲：勝　功雄）二〇〇九年

1
僕ら関西の（比較的！）わかもの群団
いつも楽しく歌っています
冬はスキーで大すべり
白銀を追えば明日がひかる
シューウシューウシュッシュッ
シューウ
春は船出してイサギつり
海原とおく思いは遥か
グーイッグーイッグイッグイッ
グーイッ

2
僕ら関西の（比較的！）わかもの群団
いつも楽しく歌っています
夏はキャンプだ焼肉だ
星空ながめて語り合おう
　男「なーんや遊びばっかりやんかー」
秋は泊りがけ学習会
学べば明日が見えてくる
　女「弁証法の今日的意義について」
男「社会発展の法則とは」
僕ら関西の（比較的！）わかもの群団
いつも楽しく仲間仲間
仲間づくりアーアー

（楽譜46頁）

争議解決一〇周年で演奏

一九九五年「関電人権裁判」の最高裁判決は、会社の行為が「職場における自由な人間関係を形成する自由を侵害した」として、原告全面勝利の判決を下した。しかし関西電力は「関電の主張が認められなくて残念」との声明を出し、最高裁判決にも従わない傲慢な態度に、多くの労働組合・民主団体から怒りの声が広がり、判決が出た九月五日に関電本店を包囲する五〇〇〇名の昼休みデモが九六年から九九年に亘って実施された。関電本店前の堂島川の堤防にちょっとした舞台があり、そこにジャズバンドと多数の音響設備をしつらえ、その前を晴れやかな顔で行進するデモ隊。（「人権列車がはしる」参照）、その勢いに圧倒されたのか九九年一二月八日についに和解が成立、賃金差別是正を求める社長申入れをした一〇一名全員の分も含め解決した。高馬がビラ配布事件で神戸地裁に提訴以来、実に三〇年余りの歳月が流れていた。闘い続けた三〇年であった。

職場では、「おめでとう！　ごくろうさん！」の声が飛び交った。（その様子を京都の堀江幸男氏が詩にし、四月の創作合宿で曲が付けられている）。

解決後、近畿センターをはじめ各府県に事務所ができ、職場労働者の相談所として活動している。職場新聞「人権」は九八年六月に創刊しているが、解決後も各地の職場で早朝配布され今では数千部が入っている。

中でも若者を中心とした遊びと一泊学習がはじまり、冬は信州へのスキー、春は和歌山の漁港に泊まり込んでのイサキ釣り、夏は山でのキャンプファイヤー、秋は淡路での学習会と魚釣りが始まる。その様子を歌ったのが「僕ら関西の若者群団」である。争議解決一〇周年記念集会で電力合唱団「それから」と神戸の労働者合唱団「みんな元気か」合唱団の協力を得てはじめて演奏された。

（勝　功雄）

第3章　連帯と共鳴と

一　やがて、国民的連帯の合唱曲に

加藤洪太郎

星空の下、アリーナを埋める一万人を超えるオペラの観客がペンライトを手に手に舞台に共鳴して唱うその歌は、なんとも言えぬ優しさと力強さが結びあって心に響く。舞台は、イタリアはヴェルディー作オペラ「ナブッコ」。バビロニアに破れ拉致されてきているヘブライ人達が〝行け、我が想いよ、黄金の翼に乗って〟と祖国への想いを歌う場面である。

この歌、イタリアの人々の第二国歌だという。オーストリア支配下時代を堪え忍びそして乗り越えてきた歴史が人々の心に刻まれている。更にはナチス支配下のパルチザンを想ってのことか。重ね合わせて深く人々の連帯の象徴となっているのだと知る。

翻って我が祖国。敗戦と米軍による占領そして日米軍事同盟を背骨とする大企業支配下におかれて半世紀以上、人々の真の自由を希求する連帯を、築いては崩され崩されては築く、その粘り強い努力を重ねてきている。

そこにも、歌があったし今もある。それらの歌のどれかが、或いは、入り混ざるかして、やがては国民的連帯の歌として日本の人々が心一つにして歌う日が来るのだろうか。

権力による事件デッチあげによる民衆の分断と闘い完全無罪を勝ち取った信州伊那谷の辰野事件の「ふき(蕗)のとう」、権力の弾圧からデモ行進の自由・表現の自由をまもる大須事件騒乱罪粉砕裁判闘争の「大須っ子」、大資本による思想差別と人間の尊厳をかけて闘い働く者の連帯をまもって完全勝利を握った中部電力人権裁判闘争の「光は束となって」等々、闘う者を励まし続けてきた合唱の数々がある。

それは、民主主義と平和そして人々の基本的な権利と尊厳をまもる連帯を築き続け、日本のもう一つの戦後史を築いてきた。

「歴史が切り裂いたものを、再び結び合わせる」

シラーの原詩をもとにベートーヴェンが作詞作曲した交響曲第九番(合唱つき)の一節である。

今これは、普仏戦争以来の長いヨーロッパの戦乱を克服して不戦の誓いをベースとして誕生したEU連合の国歌となった。フランス革命直後からラ・マルセイユのメロディーで原詩が歌われ、ベートヴェンが交響曲に仕立てたこの合唱曲、二〇世紀に入っては、プラハの春そして東西ドイツ融和のその時、プラハでそしてベルリンで演奏され大きなそして長い長い拍手のなかにあった。

人間の尊厳をまもるための人々の連帯を励まし続ける合唱歌の数々。

やがて日本が二重の支配から脱却して自由を確立し、アジアの人々そしてアジアの国々との真の友好連帯を築き上げた時、人々の心の歌として、優しく力強く合唱するのは、どんな合唱曲でしょうか。

それを創るのは他でもない、われわれ自身なのだ。(2017.8.15)

【補遺】
何故に〝広い視野〟を養うのか？

中電争議を闘った日々、寝ても覚めても考え続けたことの一つは、〝如何にして勝つか〟〝水はよく舟を載せ、又、よく舟を覆す〟（荀子）とは、紀元前からの東西の法則。〝勝つ〟ときは、それが〝水〟の望み欲するところに至り或いは至らんとする勢いを得たとき、ということになろう。〝大衆的裁判闘争〟とはこのことと悟りました。

そこで、多数派になる努力が始まるのですが……。

多くの「争議」では、「私はこんなに酷い目にあってる、助けて！」から始まる。友人・知人・親戚筋そして義侠心や正義感の強い人、その他の方々が振り向いて下さいます。

でも、この訴えだけに終始していては、未だ〝舟を覆す水〟の勢いには程遠い。

時・所変わって弁護団合宿。借り上げた会議室に籠もって研究と討論。ふと窓外に目を移すと、桜咲く散歩道を歩くカップルが楽しそう。「『原告の人たちはこんなにひどい目に遭ってる。相手を一緒に糾弾して！』と訴えたら聴いてくれるだろうか……」。

ハッとして自身をふり返る。「そういうおのれ自身は、何故に共に闘うのか？」「糧を得るために雇われてるから？」「ならば、次郎長一家に居候する浪人先生と変わりがない」「では、同情？正義や大義？」「と、いいながら過去の裁判闘争では『勝ち目がない』とか『疲れた』とか『先輩に大切にされなかった』とか云って途中で離脱した弁護士もいるが……」。彼らは「我執のため」に「正義」を唱えたにすぎないのでは？

「自身は、何故に共に闘うのか……」……沈思黙考……

幾度もふり返って気付く。そうだ！〝目的が同じ〟ならば……

そこで、あらためて中電争議の目的を次のように捉えなおし整理した。自分なりに。

①直接目的：中電社員に対する思想信条による賃金・進級差別を撤廃させること。

②中目的：社会的影響力ある大企業の内部に、健全な批判勢力が存続すべきこと。

③大目的：思想信条の自由に対する侵害が大企業内部から社会全体に広がらぬ間に、これを抑止し、この社会に暮らす者の思想信条の自由を確保すること。

この三層性こそが肝。②・③は、中電社員にとどまらず、社外の人々、社会一般にとっての〝目的〟でもあり、そして他でもない己れ自身のための目的なのだと自覚しました。

かくして、自らそして弁護団は〝傭兵〟から脱却して〝同盟軍〟となったのです。それが故に争議全体の統合参謀本部も争議団・支援共闘会議・弁護団の三者構成で力を発揮。

視野を広げて共通の目的に開眼。こうなると「水の勢い」は通常の考えを超えます。自由の権利いかす世界の大海との共鳴めざし国連自由権規約委員会へのロビー活動を国連欧州本部で展開。代表団の派遣は一九九三年には夏と秋二次、その秋、三波に及びました。

勝利の日、勝ち取った協定は全てが公開の法廷で読み上げられ社会の宝となりました。次いで原告団長が「これからも憲法の実現に尽くします！」と宣言。満場の拍手のなか、思わず起立して応える高裁三名の裁判官、一九九七年一一月一一日のことは今も目に浮かびます。

二十二年の闘いを刻んだ争議団・共闘会議・弁護団は、天下万民のための存在となって勝利をもぎり取った。そして今も、各メンバーは地域で九条の会などの支え役となっている。

それぞれの闘いの歌は、やがて各界各層の連帯の歌に、そして新しい国づくりの歌に。

（元大須事件弁護団／元中電人権裁判弁護団／現あいち九条の会、各事務局長）

二　中電人権争議の思い出

舟橋幹雄

私が中電人権争議と出会ったのは、職場のうたごえに入って間もない頃、よく合唱団の先輩に誘われて、うたごえの集いや合唱発表会に出かけて行った時に、中電合唱団「いなづま」と出会った。いつも中電人権争議の黄色いゼッケンをつけてうたっている姿と、配られたビラを見て初めてそのことを知った。名古屋青年合唱団の浜島さんが中電合唱団「いなづま」のメンバーの後ろで、息を飛ばし吹きかけ弾くアコーデオンの勢いに背中を押されて、決して洗練された声の合唱ではないのだが、黄色いゼッケンをつけた男たちの、生活と命をかけた声が束になって飛んできた。その時のうたっていた「光は束となって」は、とても強烈なインパクトで印象に残ったのを覚えている。

あれは東別院青少年会館で行われた愛知のうたごえ合唱発表会でのこと、そして時期は覚えていないが、石川島播磨重工の合理化反対の闘い支援のために集いで、歌って参加していたことを思い出す。ほかの労働団体・争議団の報告の中に中電人権争議団の刈谷さんが争議支援の訴えと、争議の闘いの内容を報告されていた。その闘いの報告内容の中で当局から言われたという言葉「リンゴの入った箱に、腐ったリンゴがひとつあれば、すべてのリンゴが腐る、だからその腐ったリンゴを排除するのだ」と、口からツバキを飛ばし、こぶしを握った言葉には、生涯忘れられない程の熱いものが背筋に走った。それは当時、私も職場の中では職制からその内容に近い事が起きていてその言葉は、決して他人事でなく大きな共感と勇気が沸き立ったのを覚えています。同時に刈谷さんの凛として覇気のある発言の姿を、のちに「ＯＨ人生男声合唱団」発足時の創作曲の題材にさせて頂いた「楽譜の前では可愛いけれど、うたは人生そのものさ」と。

それから中電合唱団「いなづま」とうたごえの付き合いが始まった、その後職場の闘い、家族、職場の同僚、仲間の思いが溢れる創作曲が次々と発表され、私たち職場のうたごえとしての連帯感から、集会やうたごえ祭典では黄色いゼッケンをつけて歌ったこともあった。

「光は束となって」ではいつもうたうことで自分の職場での事とオーバーラップしながら背筋がビシーとなり、つい声を張り上げたりして胸を張った。「みそ汁の詩」は最も好きな作品だ、職場で弾き飛ばされながらも、仲間を信じ、心を重ねて誠実に生きる姿は、立場はいろいろあれども、みそ汁の匂いに乗ってきっと職場の仲間に沁み込んでいると思う。〝スクラムを捨てた仲間憎まず〟これは三井三池安保闘争の中で作られた「地底のうた」の荒木栄の言葉だ。「みそ汁の詩」を歌った故鈴木春男さんの独唱は、いつも心にしみてきていつも胸が熱くなった。

そして、この中電争議をうたで支えてきた、今は亡き作曲家林学さんの存在の大きさも忘れることが出来ない。その頃の林学作品（作詞・作曲）「心よせて」はみんなが歌い、うたえばうたう程、中電争議や働く人々の胸に響き思いが沁み亘ってゆくうたで、どれだけ勇気と元気を貰ったことだろうか。

『心よせて』

1　耳をすませば聞こえてくるよ
汗と涙に濡れたうたが
夜も昼も心寄せうたいつづけた道
今日も明日も歩きつづける

2　瞳をとじてみれば聞こえてくるよ
こぶしで大地をたたく叫びが
夜も昼も心寄せうたいつづけた道
今日も明日も歩きつづける

3　疲れた体によせてくるよ
苦労わかち合うあついおもいが
夜も昼も心寄せ語りつづけた道
今日も明日も歩きつづける

その林学さんの力もあり、中電争議団の中からも、出木さん、山崎さん、浅井さんはじめ多くの創り手が生まれ、ある時は怒りをストレートに、ある時は職場の仲間を信じ、家族に感謝して優しく語りかける。そして自分自身に勇気と奮い立つ心を何時も燃やし続けて、うたを闘いの源泉としてきたことを私は知っている。やがてその〝中電争議団「いなづま」の創作曲〟は、愛知だけでなく全国のうたごえ祭典でも全国労働者合同曲として演奏され大きく花開いた。

うたごえの作品は、林学さんがいつも言っていた『底辺で苦しんでいる人に手を差しのべ心重ねることでうたが生まれるのだよ』の言葉どおり、理不尽な扱いを受けながらも、まっとうに生きようとする人たち、同じ思いで闘っている人たちに心よせうたうことで、生きる勇気と希望を呼びさます力になっている。みんなと一緒にうたうことでグッと一歩前に押し出す力を持っている。

今の時代、格差と貧困、競争社会から、人間が人として働き、人として生きる社会に、そして平和で豊かに暮らせる社会にするために、私たちは草の根の音楽文化であるうたごえ運動を、もっともっと全国に広めてゆくことが求められている。

戦後の荒廃の中から生まれた「うたごえ運動」は今年で創立七〇周年を迎える、先人たちがこれまでの幾多の闘いを経て産み出してきた合言葉「うたごえは平和の力」「うたごえは闘いと共に」「うたごえは生きる力」その意味をしっかりと受け継いで、うたごえを全国津々浦々に響かせていきたい。新たな時代に向けた闘いに共にがんばりましょう。本当にお疲れさまでした。（2018. 1. 12）

（現日本うたごえ協議会副議長／愛知のうたごえ協議会議長）

三　『みそ汁の詩』を書いた頃

石黒真知子

名古屋市熱田区にある労働会館・東館のホールに「初夏の行進」というタイトルの絵が飾られている。中部電力人権裁判勝利記念1997・11・12と但し書きが添えられて。作者は、うえのたかし氏（二〇〇九年没）。明るい色使いで描かれた人々は清々しい表情で胸を張り前を向く、黄色いゼッケンをつけた人、幼子を抱く男性、アコーデオンを演奏する人、背筋をすっくり伸ばした女性達、後方に続く人々の喜びあふれた顔。高らかな足音と歌声が聞こえてくるような高揚感あふれる絵だ。今改めて当時のことを振り返り、歴史的な中部電力人権裁判闘争二二年の軌跡に、自分が作詞を通じてわずかながらでも関わりを持てたことを誇りに思っている。

私が歌の歌詞を初めて書いたのは、八一年、障害者の思いと願いを歌にして構成した「ほかほかコンサート」だった。国際障害者年という時代の追い風を受けコンサートは大成功、無認可だった知的障害者作業所は翌年認可が叶った。当時詩のサークルで細々と表現活動をしていたのだが、この「ほかほかコンサート」を契機にうたごえの作詞へと世界が広がっていった。

作曲家の林学さんから中電人権裁判を闘う人達の創作合宿に誘われたのは八五年のことだった。中電の思想差別、不当労働行為の説明を林学さんから大まかに聞いただけでも創作合宿に参加する大きな意義を感じ、参加をさせてもらった。すでに中電のうたう仲間達は優れた創作曲いくつかを世に送り出し、その歌を運動の武器にして闘いを進めていた。夜遅くまで額をつき合わせ、生みの苦しみと喜びを共有する創作合宿をこの時初めて体験した。皆さんの書かれた数多くの手記、詩等を拝見する中で、野村清澄さんの書いた詩「夜食の味噌汁」に出会った。会社の不当差別、卑劣な嫌がらせを受け、職場では仕事をさせてもらえず、話もしてもらえないという過酷な状況に置かれても、信念を曲げることなく闘いぬいた姿が夜食の味噌汁を作ることに凝縮されていた。思いを声高に叫ぶのではなく淡々と世間話をするようなトーンで、決して譲れない人間の誇りを書いた傑作だ。この原詩に若干の手直しを加え歌詞の形に整えて「みそ汁の歌」ができた。この歌が皆に愛されたのは野村さんの詩の素晴らしさ、力以外の何者でもない。

歌詞を創作する時、自己の体験であっても客観的に事象を捉えるという作業が不可欠である。第三者としての視点のフィルターを通して、説得力を持った言葉が生まれてくる。言葉を鍛える過程は労働運動を進める上で共通するものがあるように思える。優れた闘争経験を培った中電人権裁判の仲間達であるからこそ、いくつもの優れた歌を創り出すことができたのである。当時、私は自分の詩の方向性で模索をしていた。うたごえの歌とは正反対の世界である現代詩に幻想を持っていたのだが。そんな時出会った中電人権裁判の創作は新鮮だった。とりわけ、その後に詩友達になった出木充さんの詩・歌詞の言葉の生命力に圧倒された。切れ味のよい言葉が立ち上がってくる、闘いの中で鍛えられた言葉だ。いつの間にか幻想は霧散していた。

得難い創作シーンに引っ張ってくれた林学さんに、若輩の未熟な詩を受け止めてくれた中電のうたごえ仲間に心から感謝している。うえのたかし氏の絵「初夏の行進」、勝利を勝ち取った中電人権裁判原告の皆さん、後に続く隊列の中に、小さなシルエットながらしっかり前を向き歩いている自分を見つけることができた。

（作詞家）

四　トラックのステージ（舞台）で唄いながら

堀田さちこ

関西にいた私と電力争議の出会いは、阪神センター合唱団に入団した時から、関電争議団の勝さんはじめ争議の仲間の皆さんがそばにいたからです。入団すぐ関電「高馬さんビラ事件」…ミュージカル「良心の灯は消えず」の作品を機関車にして走ってきましたが、最高裁で無罪を勝ち取ることができず、今でもそのときの悔しさは忘れられません。それから関電・中電・東電へと歌と共にいっしょに歩いてきました。

結婚して名古屋に転居後も、多くの争議とかかわりながら電力争議の勝利をめざす思いは続きます。「電力の職場に憲法を」の集いに出かけた時でした。トラックに引っ張り上げられ、中電本社ビル前に座り込む皆さんの前で唄うことになりました。中電本社ビルの窓が開き、歩道の通行人も立ち止まりました。

働くものとしてゆずれない思いを、トラックの上で唄いました。足元はちょっと揺れているけれど、支援の仲間がいる。熱い思いが私を支え、私は唄いました。シャンソン『百万本のバラ』♪♪トラック上のステージ。ひとりでも多くの人に届けたい。それから中電本社ビル前やいろいろな場所で何度唄ったことだろう。職場を思い、仲間を思い、お酒もちょっぴり大好きなお父さんたち、家族との悩みも抱えながら、輝いた瞳を笑顔の中に人生を問う後ろ姿がなんとも愛おしく、ひきつけられてきました。

勝利の知らせは、ほんまに嬉しかったですね。今でもあの時代に勝利できたことが夢のようです。心半ばにして、先に逝ってしまった争議団員の方々の笑顔を思い出され、家のみそ汁をつくる時、気分のいい時にはふっと出てくる争議の中で生まれた『みそ汁の歌』。

私のうた人生の中で、一番長くかかわってきた電力争議。争議後も頑張っている仲間今もなお、声をかけて下さる皆さんに感謝して、ありがとうございました。(2017. 7. 10)

(シャンソン歌手)

五　合唱団『いなづま』と出会って

兼松千里

中電人権争議の中から、結成された合唱団「いなづま」と出会ったのは一九八五年か一九八六年ころだったと思います。当時、私は大学を卒業して四年～五年が経ち、うたごえ関係を含む、いろいろの合唱団や、サークル、声楽家の方々、オペラ等の伴奏を少しずつ幅を広げながら音楽をさせて頂いていた時期でした。

それまでは音楽を、中心とした生活でしたので、社会の色々な動きに関心があったものの、世の中でこういう不当な差別を受けて闘っている方々がいらっしゃることもほとんど知らず、まして、直接接し、お話すること等も初めての経験でした。

合唱団「いなづま」の伴奏を初めてさせて頂いたのは、多分、合唱構成〝光は束となって〟だったと思います。不当な扱いを受け、毎日思いをさせられていたみなさんの歌声が、本当に力強く、たくましく、そしてお一人お一人から、思いが溢れ出てきて、伴奏しながら涙が止まらず感動で心が震えたことを懐かしく思いだします。

その闘いの中で「みそ汁のうた」「胴づな一本」「俺たちの年輪」「掛け時計の贈り物」等々、心打たれた曲が、どんどん創られ、それを情感豊かにあたたかく、またスケール大きく朗々と歌われ、胸が熱くなる瞬間が本当にたくさんありました。苦しく、辛い毎日を崖っぷちの所で、必死に生きている方達だから、こういう歌が歌えるのだと思いました。

人権闘争、裁判という大変な状況の中で、仲間との連帯、支援する多く方々との共感があり、その中から、本当に豊かな詩、曲、演奏が産まれ、それが、また、色々な大変な状況に置かれた人たちを励まし、人々の輪が広がっていく……そういう流れの中に、加えて頂き、皆さんと心を寄せ合うことが出来て、本当に良かったと思っています。

皆さんから、仲間の大切さ、決してあきらめない強さ、信念をつらぬく人としての誇り等、本当にたくさんの大切なことを教えて頂きました。それは、私が生きていく上で、大事な一つの指針になりました。皆さんと出会い、数多くの伴奏をさせて頂き、共に歩んできた日々は、私にとって、かけがいのないものになっています。


（ピアニスト）

六　ラッパ一丁吹きある記

松平　晃

ずいぶん長い間『労働者トランペッター』と呼ばれて来ました

会社勤めを終えた今でも、紹介される場面に用いられる時が有りますからねぇ。こそばゆい気もしますが、そんな時こそ背筋をピンと伸ばして、ラッパを構えることにしています。

現在ほど、働く人たちの尊厳がコケにされている時代は無いですからね。労働者のど根性を共に発揮する気持ちを込め、ラッパを吹き鳴らすって寸法ですよ。『ラッパ吹き』って語感は『ホラ吹き』に通じるやも、ですが、当人はいたってマジメ。なにせ電機の職場で、四十五年間も無遅刻・無欠勤で働きながら、全国各地を吹き歩いて来たのですから。

労働者になったのは一九五七年（昭和三十二年）です。入社式の翌日が春闘の二四時間ストライキ。有給の休日扱いになる話へ、労働者の恩恵を感じましたよ。中卒の私の配属先は真空管工場・材料分析の職場でした。最初にした「仕事」は、塩酸と苛性ソーダを混ぜ合わせて蒸発させ、固形物を作ること。$HCl + NaOH = NaCl + H_2O$。塩の作成ですな。電機会社なのに、仕事＝「理科の実験」と言う感じの『十五の春』でしたっけ。

いまだから話せるってことですけど…

『花の十八歳』は、六〇年安保闘争の真っ盛りです。ですが「アンポ反対」を叫ぶフランスデモを横目に、私が会社帰りに足を向けたのは、銀座のキャバレーだったのです。一晩五〇〇円の『バンドマン』へ、変身？　ってワケですよ。休憩時間は「音楽の話で花が咲く」と思ったのですがね？　紫煙たなびく狭い控室は「花札」が舞ってましたっけ。酔っ払いのダンスやストリップのBGMに、未来が点るわけもありません。

そんな折りにヒョンなことから労組青年部支部長の任が廻って来ました。ラッパを吹く場面がガラリと変わります。うたごえ祭典・平和友好祭・スポーツ祭典ｅｔｃ…。若者たちの仲間創りの輪へ、ラッパの響きが加われたのです。「何か知らんが、アンタのラッパは元気が出る」「こっちの催しにも来てくれんか」って塩梅で、演奏場面が拡がりました。

ただ、「トランペットは良いけど仕事は…」と、言われたくありませぬ。「遅刻・欠勤をしない」「休暇は二ヶ月・三日の範囲で演奏依頼へ応える」ことを前提に、働いて演奏することに拘わり続けました。

ひやっとしたことは「数限りなく」です。

「演奏中に伴奏CDが止まる」や「楽譜が風で飛んでいく」などはカワイイ方。電車に寝込んだ酔っ払いを起こして、そのまま一緒に車両を降りラッパを置き忘れた事件も起こしたなぁ。阪神淡路大震災の起きる前日に神戸で吹きましたが、休暇を確保できずにその日に帰宅。翌朝カミさんに起こされてゾッとしたことを、今でも忘れることは出来ません。三才の時は、米軍の焼夷弾爆撃の下を、母と掻い潜って助かった命です。『三つ子の魂百まで』の説？　からすれば「戦争を許すな」が、百歳までの命題かも。

つながりは、新たな出会いを生み出す
電力職場の皆さんとの出会いは八〇年代からですね。東京電力・中部電力・関西電力の本社前で何回も《争議を解決せよ》って調べを奏でましたっけ。門を閉ざした中電前で「ゴットファーザー・愛のテーマ」を吹きましたが、いかついフェース・警備のおっさんもニンマリでしたな。
ラッパ人生六〇年。

NEC勤めを終えるのを待ち構えたかのように演奏依頼が増えましてね。二〇一七年の人前演奏は三〇七回でした。イチロー選手の「年間二〇〇安打一〇年記録」を上回り、一六年続けての二〇〇回越えとなり一六年間の人前演奏トータル数は四〇〇九回です。「ダメで元々。一丁吹いてみるか」で始まったラッパ人生は、六〇年を超えました。時代を見据えてのラッパの響き！　未来へつなぎたいものでございます！

（トランペッター）

七　「歌声」を力に勝利した、東電・中電・関電労働者のたたかいの教訓

岡村不二夫

十九年二ヶ月の長期に亘り苦しい闘いを耐え抜き勝利した東電労働者の「エネルギー」はどうして生まれたのだろうか。手元に私が編集委員会の座長としてまとめた東電争議の東京のたたかいを「人間の尊厳を掲げて」と題してまとめた東電争議総括集（東京支援共闘会議編）がある。改めてページをめくってみて、東電・中電・関電の労働者たちがたたかった長期大争議に「歌声の力」が大きな役割を果たしていたことが事実だったと言える。

三電力争議は、今から約二三年前の東電争議の勝利を皮切りに二年後に中電争議、更にその2年後に関電

争議が大きな勝利を勝ち取って終結したが、この長期争議に共通しているのは「歌声の力」であり、これを活かした「草の根からの幅広い連帯の力」がこの大争議の勝利を支えたのだと思う。

当時の電力資本は、国民敵視の政策を押し付け、「世界一高い家庭用電気料金批判」「危険な原発批判」や「歌声運動」なども、会社を批判する労働者に対し厳しく対処していた。

三電力争議団は、「民主主義もなく自己規制を強いられた暗い職場の中」で徹底した大衆路線で労働者に接し、外には「幅広い草の根連帯の力」を構築して、争議団固有のセクト主義を乗り越えてたたかい抜き勝利することが出来たのだと思う。

幅広い草の根運動の一つに歌声をはじめ文化活動があるが、東電争議団が原発問題をテーマにした演劇の「渚」や「ゼロの記録」の企画・上演が出来たのも多くの団体と共同して取り組んできた東電合唱団の運動があり、火力現場のたたかいの中から生まれた「みそ汁の歌」などの多くの創作曲が共感を呼び困難な闘いをひろげ、これらに支えられて争議団が勝利までたたかい抜いてきた原動力のひとつとなったと言えよう。

困難な闘いを、ともに闘ってきた一人として思いつくままに述べましたが、「たたかいの中から生まれ、たたかいが残した財産」を継承した三電力の元争議団員は、今も生き生きと確信を持って職場で、地域で活動していることを付け加えておく。

（元関電労働者・東電闘争東京支援共闘会議副議長）

第3部

たたかいがのこしたもの
電力改革へつながる道

第1章 電力労働運動近畿センターの設立と活動

速水二郎
坂東通信

1 前史

(1) 地産地消・完全自由化

一八八六年わが国最初の電灯会社が設立され、石油ランプから白熱電灯への転換がはじまった。翌年には神戸電灯、さらに一八八八年大阪電灯は創業当初から六〇ヘルツ交流発電で販売を開始した。さらに自治体では、京都市が一八九一年琵琶湖疎水に関連して一般供給用蹴上水力発電所の運転を開始した。一九一一年（明治四十四年）に電気事業法が制定され、一九〇三年には八十五の電気事業者だったのが、日露戦争から第一次世界大戦にかけて、一九一八年末には五五六社に増加した。また鉄道会社も電気を売るようになった。一方、採算がとれない農山村では、小水力による発電を行うため協同組合などを設立し地産地消で電気を利用した。こうしてエジソンの時代に電灯が輸入され、その後日本における電力事業の姿は、概ね地産地消・

完全自由化だったのである。

⑵戦争するために電力を国家管理

第一次世界大戦の一九一四年ころから軍需景気で製鉄・機械工業のため大きな石炭火力発電所が次々とつくられていった。当時関西の電力事業は宇治川電気・大同電力・日本電力の三大会社とその系列も含め、電鉄会社と自治体電灯会社、さらに私営電気事業者が競い合って電力を供給・販売していた。今でも例えば関西電力の大株主に大阪市や神戸市が存在しているのは、この名残である。

一九二七年政府は戦争否定者の弾圧のため「治安維持法」制定、そのあと二年で三・一五弾圧へ進み、五年後に小林多喜二が虐殺された。一九三六年二・二六事件は陸軍内青年将校らによるクーデターだったが鎮圧したものの、このあと日本政府は一気に軍部独裁政権となった。

一九三七年近衛内閣は、既存の火力発電所と主要送電線を現物出資させ、これに既存の水力発電所の電力を加え、各配電会社に卸売する「電力国家管理」案を提案、反対を押し切って一九三九年「日本発送電」を設立した。

一九三八年日本の軍国主義は「国家総動員法」で戦争体制を確立する。アジアへの侵略戦争へ暴走するため軍需工場への電力供給を最優先させる。そのため民間に残されていた水力発電所も強制出資させ、全国の電気事業者を九ブロックの配電会社に統合する第二次電力国家管理を「国家総動員法」の適用によって実現させた。これにより電鉄会社や自治体の「電気局」は吸収されてしまった。

ファッショ的政権下とはいえ、電力事業のこうした「システム改革」は極めてドラスティックな「改革」

が可能なことを示した。

(3) 儲かる企業——九電力地域独占体制

一九四五年敗戦、アジアで数千万人を殺戮した日本軍国主義の侵略戦争は終った。連合軍（GHQ）は、巨大な力で軍需工場優先の「日本発送電」の解体を命じた。日本の守旧派とGHQで激論となったが、結果的に松永安左エ門案の配電九ブロックを基礎としたブロック体制に決まった。そして一九五一年から現在まで「地域独占体制」となった。

同時期に朝鮮戦争がはじまり、高度成長時代に入った。消費電力はうなぎ上り、大型の発電所が必要となった。それまで水力発電が主だったが九分割で電源地と東京・名古屋・大阪等の消費地が分断されたので、米中心のエネルギー支配に従属されていく。大戦が終わりアメリカの余剰石油消化のため、日本の石炭産業は壊され、世界銀行・輸出入銀行は日本資産全体を担保に石油・重油発電所建設を進め、九電力もこれに従わざるを得なくなった。

その後沖縄含め一〇電力となった。地域独占体制の確立後、電気料金は「総括原価方式」で、巨大設備を作れば作るほど儲かるシステムとなった。供給態勢も水力から火力へ、火力も石炭から重油・原油へ、さらに巨額の原子力発電にのめり込んで行く。また超高圧送電網は遠隔地の原発から消費地へ二七万Vから五〇万Vへの建設競争となった。一方、九電力は互いの融通よりも自分たちのエリア優先主義だったので、連系系統は古いまま残された。こうして「総括原価方式」による高い事業報酬率のもと、世界的にもまれな高額電気料金制度が継続されたのである。

(4) 電産の分裂と自主的な若者集団の形成

「賃金は労働力の再生産費用でなければならない」との原則で提唱された『電産型賃金制度』は戦後労働運動の画期的な出来事だった。電力労働者の賃金水準はだんとつの高額だった。しかし中国革命成功を怖れた米国による「日本列島を反共の砦」化への大転換の強行。レッドパージが行われ「輝ける電産労組」は分裂と崩壊に見舞われた。この歴史に残る経過の詳細は、映画『われら電気労働者』で詳しく知ることができる。

電力職場は一九五一年五月以降九電力体制へ組織改編され、一九五三年頃から各社は高卒・大卒社員の定期採用、また中学卒業生の社員養成を開始した。

一九五五年頃になると、電産を分裂させた企業内労働組合が多数派となり、これら新入社員をユニオンショップ制で自動的に組合員に組織した。アジア全体、シベリア抑留から復員した電力熟練技術者たちが発電・送電・配電・営業の現場で主力となっていた。そこに、最前線の働き手としてわかものたちが参画したのである。

わかもの達は、新しい平和憲法のもと戦後民主主義教育のいわば第一期生だった。どこの職場でも軍国主義教育のもと悲惨な戦争体験を持つ復員組との矛盾は確かに重い雰囲気ではあった。しかし若者群は、まるで申し合わせたかのように全国どこの職場でも「自主的な若者集団」を形成し「様々な要求によるサークル活動」を展開した。とりわけ、「文集」つくりは活発だった。自宅にガリ板セットや謄写版まで備え、会社の役職などにも戦争体験を書かせ、特に青年達の詩や意見文は豊富だった。この蓄積は後の冬の時代や大争議時代の様々なパンフレットやチラシをつくる運動につながっていく。当時のこれらのサークル活動は、必然的に全国的なうたごえ運動・労音・労演・労山運動などへ合流した。

(5) 暴走開始――原子力しがみつき経営へ

一九五五年八月、国連主催により第一回原子力平和利用国際会議がジュネーブで開かれた。同年一一月日米原子力協定調印とともに日本原子力研究所が設置され、同一二月には原子力三法が制定されるなど国民的議論不在のまま急ピッチで進められた。関西電力は一九五六年四月、本店に原子力研究委員会を設置した。

電産労組を分裂させた関電労組本部は、一九五六／八本部談話を発表した。曰く「ソ連は、英米両国より原子力研究が進んでおり、原子力の平和的工業化は夢でなく、既に実現された。我ら電気労働者のみでなく、全労働者のためにも、原子力を平和的に使用することを望む（関電労23号）」と。そして日米原子力協定については「国会でいずれ正式に調印されるが……問題はどれだけヒモがつくかという点で、国民生活の及ぼす影響などを充分明らかにしほしい」と主張（関電労53号）した。

電力職場でわかもの達が職場活動を活性化しているさなか、電力中枢の労使はこのように原発推進に向かってはっきりと舵を切っていた。

(6) わかものたちの活躍――安保・平和・文化で職場改革

原発推進政策をつつむ背景として当時の日本は、一九六〇年代を前に、自民党政権による第一次安保改定期に入り対米従属の道を選び、いわゆる六〇年代安保闘争の時代を迎えていた。電力職場も当然その渦中だった。一九五九年社会党は分裂し反共民社党が生まれ、関電労組も右傾化の中で安保闘争突入という矛盾に充ちた時代を迎えた。つまり労組本部、各地本、関西全域の支部では青年の力は大きく、その反映で現場は「たたかう関電労組」となっていった。

これらの状況を当時の関電労組本部機関紙から紹介しよう。原水爆禁止運動・うたごえ・労音・労演運動を推奨しつつ「共産党や総評の過激な思想に染まらないこと」と釘をさし原発利用を進めていた経営とタイアップしていた。

☆「人類が叫ぶ平和への祈り、原水爆禁止世界大会へ参加しよう、「原爆許すまじ」のうたごえ高く」と書きつつも「この力を原子力平和利用ジュネーブ会議に生かそう」（一九五五・八・二二関電労57号）

☆「職場の文化活動を如何にすすめるべきか。二～三人の推進力となる人達を中心に同好会を募る仕事をしよう」「演劇発表会、映画会、比評会、コーラス、レコードコンサートなど一回、二回と苦労を重ねよう」、但し共産党・総評の過激な指導による政治一辺倒やり方はしないこと」（一九五五・九・五関電労58号）

☆京都中京営業所コーラス十数名が京都労音主催の音楽祭に出演、好評だった（一九五五・一〇・一〇関電労63号）

☆関電労組本部は労音・労演・労映に加入したので、各職場活動もサークル化して横のつながりをつくろう（一九五五・一〇・三一関電労66号）

☆東京両国の国際スタジアムに三万人、一九五五年日本のうたごえ開く。

「幸せはおいらの願い」三万人の大合唱。電気労働者も電力うたごえに参加、「しあわせの歌」、「母なる故郷」を東電労組組合員も多数が自主参加（一九五五・一二・五関電労68号）

☆関電労組本部機関紙は『つながり』に名称変更。毎号うたごえ歌集が楽譜付きで紹介されるようになった。その第一回は中国電力石原健治作詩、木下航二作曲「しあわせの歌」、ついで「カチューシャ」、「トロイカ」、「若者よ」…と続いた。

以上のような動きは、わかもの達を政治的開眼へと導く必然でもあった。朝鮮戦争後の高度成長へ向かう日本ではあったが、戦災で疲弊した街々の復興は遅く、衣食住含むくらしの貧しさは「戦後は終わった」と言われていても実感はともなわなかった。

発電所・送電・変電・配電の職場どこでも、老朽化設備の中で労働災害は多く、労働環境への不満は渦巻いていた。『要求で団結しよう』はわかもの達をさらに目覚めさせていった。

関西電力職場では、自主的青年組織は次々と関電労組青年婦人部結成へと発展し、労組役員選挙で職場委員から執行委員へ、二〇歳代の活動家は急激に増加した。

2　原発推進へむけた反共攻撃の嵐
——労組弱体化へ

六〇年安保闘争は、国会へ向けて大きな闘争が繰り広げられ、それが日夜ラジオ放送で伝えられた。当然全国各地の労働組合も呼応した。中央では社会党分裂で民社党が出来、その支持労組となった関電労組でも、神戸・姫路・滋賀地域でのたたかいに率先して参加していき、関西全域に拡がった。

職場の労働組合活動も青年達が積極的に参加し、青年婦人部委員や職場委員となり、さまざまな職場要求にまとめ、進んだところでは職場交渉も実現した。人員不足による労働強化を無くすため、三六協定も活用し要求実現も行い、年配組合員の信頼も勝ち取っていった。当時の関電労組の各支部大会の議案書を見ると、ガリ版刷りではあるが二〇ページ以上が多く、職場要求がいっぱい書かれ、対会社との交渉やりとりも克明に記載されている。

一九六〇年秋関電労組の第一回青年婦人集会が比叡山で盛大に開かれた。京都ひまわり合唱団によるうたごえ指導もある中、関西全域の青年の悩みや要求、そして改善方向が一気に吹き出し、その熱心な討論のもようは関労十大ニュースのトップとなった。

こうした事態を危惧したのが原発推進へのめり込む経営陣だった。一九六二年芦原社長は「関電の明日をつくろう」とのスローガンで「責任を果たそう」など五つの標語に集約する運動を提唱した。表向きは〝日本経営が開放体制に移行し、景気が後退する〟としつつ、実は「経営合理化」宣言だった。「革新技術の全面的導入体制確立」として、退職金切り下げ・原発推進・大型電子計算機導入などだった。「春闘賃上げ額のうち退職金基礎に入れない部分をつくる」の提案は、その後足かけ三年に及ぶ労使紛争となる。職場放棄ストは、一九六二年は三十六日間、一九六三年は五十五日間、一九六四年は一〇〇日間に及んだ。うたごえ運動が関西全域職場で〝がんばろう〟の歌を普及し、それらは各営業所構内の組合集会で、ひっきりなしに歌われるようになった。

原発推進等へ向けた「関電の明日をつくろう」キャンペーンの裏側に何があったのか。

実は関電本店労務部による「孤立化排除の特殊対策」の嵐が吹き荒れたのである。執行委員・職場委員・青婦委員などを全社でA、B、C、Dに区分した。Aは純粋会社派、Bは働きかけると会社になびく派、Cは社会党系、Dは共産党系だった。この「特殊対策」はCをBに吸収し、Dを切り離す。さらにDは一人ずつ「転向させるか、ダメなら会社が嫌になって自ら退職する」ように、全職場で役職全員参加での事例研修会を行い「成果」をあげていった。

この結果は、生き生きしていた職場を完全に暗黒化してしまった。全社で労組役員選挙に会社が干渉、CやDグループを支持する社員は配転され、関電労組役員は完全に会社派オンリーとなった。

こうして一九七〇年万博へ原発の電力を送る「会社ぐるみの体制」となっていったのである。

3　反共労務対策とのたたかい

こうした関電本店による配転地獄と屈辱的な仕事からの干し上げにさらされた青年達の多くは「単純定型業務」だけが与えられ、昇給は最低のランクに位置づけられた。尼崎市の火力発電所職場ではビラまき活動を展開し会社労務政策を批判していたが、そのビラを社宅に配布したとして懲戒処分まで行った。ズタズタにされたままでいいのか。まだ三〇歳代だった電力の青年たちは、全く未経験だった裁判闘争の時代へ突入していった。このあと㊙資料を証拠に人権裁判も開始された。こうして〝屈しない、あきらめない〟たたかいへ、火の粉を振り払う長期にわたる裁判闘争となっていくのである。

同じような事態は、電力だけでなくあらゆる基幹産業や公務職場でも「反共労務対策」は広がり全国各地で裁判闘争も開始された。とりわけ電力では「原発推進」が根底にあったため一層「特殊対策」は厳しかった。そのため関電だけでなく東電・中部電力もたたかいにたちあがっていた。

関西では、ビラまきの自由を求めるたたかいが本格化した。しかし司法の反動化もあり大阪高裁による「忠実義務違反」が出され、全国的に弊害を及ぼすので必死のたたかいとなった。しかし職場の声なき声、仲間の力はついに会社側が作成した㊙文書を公開してくれた。この「労務管理懇談会実施報告」は憲法研究者にも衝撃を与えたほど生々しく、今も憲法十三条の闘いの一つとして紹介されている。この決定的な〝書証〟を武器に『人権裁判』も開始、さらに、一〇〇名を超える原告団で大阪・京都・神戸・和歌山地裁で賃金差別撤回のたたかいへひろげ、運動の相乗効果となっていった。

(1) 職場内外での社会的包囲の運動

たたかう労働者たちは電力職場でも切実な要求を提起し民主主義を回復させる運動の先頭に立った。かつての労組青年運動で蓄積された〝文化運動の基礎〟はいかんなく発揮された。特に宣伝物は極めて多彩だった。一時ビラ事件で萎縮したが、争議団運動として関電職場門前ビラも再開。さらに労組役員選挙にも立候補し、発電所や営業所内で公然と演説することで関電側に衝撃を与えた。内容も企業ぐるみ選挙・電気料金・TQC批判・原発推進への危惧など、原告団の漫画家奥野有山が描き続けて大奮闘…これらは地域・市民にも理解してもらうパンフにも活用、旺盛に展開した。

関西電力は若狭湾の原発だけでなく、京都府の久美浜、和歌山県の日高などでも原発建設をはじめた。現地では住民や研究者たちがこぞって反対運動を展開していた。関西電力の横暴を止める連帯の活動として争議団は現地と交流しつつ社内からのたたかいも伝えていった。美浜原発・敦賀原発の作業員たちは放射能の被曝や汚染を止めるため運輸一般原発分会を結成、ここでも連帯と共同を広げることが出来た。なお当時は知られていなかったが原発作業員の被曝労働は、六〜七次下請けの重層的下請け構造下で過酷だった。元請け三菱重工の原発関係労働者も含め、被曝線量の閾値だけでどんどん交代・解雇される人海戦術的しくみは、今でも東電福島第一原発事故作業で連日六〜八千人作業にも継続され、重層的下請け方式の根本的改革が求められている。

(2) 労働争議勝利のための、四つの基本と三つの必要条件、一つの大事

だが時代は八〇年代の反動期にも入っていた。首都の中心では東京地評や千代区労協は全国から駆け上ってくる争議団に「どうすれば勝てるのか」の戦術指導を行っていた。私たちも聞き馴れない〝大衆的裁判闘争〟をさらに具体化した「四つと三つ」を徹底して身につけた。

「四つの基本」とは、①争議団・争議組合の団結の強化、②職場からのたたかいの強化、③産別共闘の強化で全国課題と連携、④地域共闘の強化（対象企業の社会的包囲）であり、「三つの必要条件」は、①情勢分析を明確に・相手の深い情報は入っているか、②たたかう相手は明確か・親企業やメインバンクは?、③要求は具体的か・事件の顔は何か、である。また「一つの大事」とは、運動に合わせた財政規模を、ということである。

兵庫県では国民救援会兵庫県本部事務所に結集していた全税関・川重近藤闘争・神鋼争議・ネッスル労組・国鉄分割民営化阻止などが神戸争議団をつくっていた。この争議団は大阪、京都、和歌山でも存在し、前記戦術論の実践的交流は旺盛に行われた。なお当時の国民救援会は弾圧反対・えん罪支援が主だったので、兵庫県の救援運動が労働争議を全体として発展させる全国的典型へと発展した。とりわけ統一労組懇がつくられ、さらに文化運動関係者と手をつなぎ毎年ひとつずつの争議団をドラマ化し多くの支援を広げることが出

来た。関電争議の最終版、大阪中之島の関電本店前で三年にわたり五千人包囲行動を成功させるため、姫路・和歌山・京都から人権列車も走らせる力となった。

原告団一人ひとりが得手不得手を乗り越え、地域で国民救援会の支部つくりに貢献し、うたごえ、労音・労演運動、原水爆禁止運動などでも関西各地でリーダー的役割も果たした。姫路労音が日本全国で今でも発展を続けている基礎には電力労働者の貢献が大きい。

4　基本的人権を基礎にした「人格権尊重」を認めた最高裁

一九九五年九月五日最高裁判所第三小法廷は、関電側の上告を棄却し、私たち原告団を完全勝訴させた。あらゆる新聞や報道機関が大々的に報道した。それは〝職場に於ける自由な人間関係を形成する自由を関電が不当に奪い原告らの名誉を毀損し、プライバシーを侵害した〟という内容で、事実上、三菱樹脂高野判決を乗り越え、職場内でも憲法秩序は保障されているという画期的なものだった。（豊川論文参照）
実はこの年兵庫県は阪神大震災で大変な事態だった。全国からボランティアが特に神戸や阪神間、淡路に入り被災者支援と政府要求がもり上がっていた。この中で兵庫県議会選挙があり、原告団の北岡浩が共産党議員として当選した。
この劇的展開で、関電側から密かに「和解の打診」があり、支援共闘会議・弁護団と緊密な連携のもと「2＋2」の和解交渉が始まった。兵庫県原告団は、この「和解交渉」の日に中心的なメンバーで宿泊体制をとり、進行状況をつぶさに共有していった。この中で最もくっきりしたのが「この闘い（裁判闘争）は反共の火の粉を払いのけたもの。解決後、直ちに労働運動本流のたたかいへ発展させせよう」と。これが後に、争議解決金の多くを拠出してもらい、各府県にセンターをつくり、職場と地域を結び付ける関西における今日の運動の基礎となった。一九九九年、およそ三〇年を経過し、関電争議は全面的和解解決となった（この経過は『思想の自由は奪えない』『関西電力の誤算』『関西電力と原発』等の著作に詳しく掲載）。関電争議団は、一〇数ページの『マンガ解決報告パンフ』を作成、関西全域の職場で支援してくれた労働者に配布。一〇一人の原告達はそれぞれの職場で励ましを受けた。この門前配布の成功は現在の『人権しんぶん』による門前対話行動となって続けられている。

第2章 関電争議勝利は原発依存をやめさせる道の一里塚

1 直ちに次のたたかいへ
――ホップ・ステップ・ジャンプ

二〇〇〇年四月二四日に開かれた『関電争議全関西ポスト争議』推進委員会の議事録を見ると、各府県センターの立ち上げは五月七日に兵庫、五月二〇日に大阪、京都・和歌山もともに五月中で努力している。そして全関西は七月一六日を総会日に設定し、準備の留意点を細かく指摘している。それは、新しい仲間が参加しやすい状況を最重要とし、〝原則性と柔軟性〟の両面にしっかりと立ち、センターの名称、目的、活動、組織、財政の提起をうったえている。争議団運動では「横綱」となったが、新たな労働運動探求は「序の口」なので「初めに理屈や組織論ありき」は禁物と語っている。

この過程でも学習運動は離さず五月一三日には大阪国労会館に牧野富夫教授を講師に向かえ「成果主義と能力主義の賃金」の学習を六〇名規模の参加で成功させた。以降2ケ月に一回「若者が参加しやすい、誘いやすいプログラム」として〝自然、社会、人文科学〟など幅広いもので、山田洋次さん、内橋克人さん、安斎育郎さんも予定する計画も発表していった。

そして二〇〇〇年九月二日、関電争議団全関西と各府県争議団は解散式を行い、新たな電力産業労働運動研究会を各府県に設立していった。こうした議論と行動のもと、二〇〇一年以降ホップ、ステップ、ジャンプ計画に結実していったのである。

関西の闘いは、こうして原告団全員から巨額の募金によって、関西各府県に〝センター〟を確立。直ちに「職場にうずまく要求」をかかげ、広く労働者と手を繋ぐ運動を開始した。二〇〇二年頃からの第一次ホップ・ステップ・ジャンプ運動から『人権しんぶん』を関西電力の各地事業所へ配布するようになった。若干の妨害活動もあったが、「職場における自由な人間関係を形成する自由」を示すことによって関電会社側は妨害をやめた。

(1) 次々と新しい挑戦

争議解決後五年を経た。さらに前進するため二〇〇四年一二月三日に開催した第一回労働運動研究会の議論のもようを当時の記録から紹介しておこう。

「争議解決後、いまの電力労使問題を見て、〝何とかしようや〟という人々が寄り合って、近畿や各地にセンターを置き、人権しんぶんも発行し、職場のたたかう方向を出してきた。まだ小さくわずかの力だが、それが今度のサービス残業告発運動の原動力になったと思う。

人権争議が何で勝利解決出来たのか。あれから約五年たって、あらためて分析し考えると、①当時電力自由化目前で経営として身を軽くせざるを得なかった、②東電・中部が先行解決していた、③東京都議選、参議院選、さらに関西では地方選で原告北岡氏を勝利させた、④公害裁判も次々解決していく、⑤その上に我々の主体的たたかいを大規模に展開させた、これら全体の力によって、社会的に関電本店を包囲して解決させたのである。
いろいろ聞くと連合と全労連の幹部間でも、解決にあたって当時極秘裏な情報交換もあったようだ。いずれにしても、少数派として、司法・裁判、労基局、大規模支援組織の構築等、あらゆる形で世論に依拠してたたかったということだろう。

戦後直ぐ、先輩達が電産をつくったとき、日発、配電、多くの下請け・常用員を対象に個人加盟の労働組合をつくって、横断的な電産型賃金体系も形成していった。いま、関電本体は、美浜事故に象徴されるように、現場の仕事は殆どやっていないも同然。グループ全体とその下請け、派遣労働者、委託の人々がライフラインに従事している。本体の労働条件改革はもちろん重要課題だが、視野を全体のエネルギー職場に広げるのが大切ではないか。

われわれがサービス残業〝告発〟で動いていることは、会社も労働組合もよくわかっている。これが現役とOBたちがやっていることも知っている。こういうことを通じて、少しでも〝連合評価委員会の線〟でたたかう力を回復させていく働きかけは大切なことだ。労働組合とは何かということを結構強調している。人権しんぶん配布で、労組の役員に、〝関電労組はこのごろ変わったね、サービス残業もよくがんばってるよ。あとは三ケ月分だけじゃなしに二年間取ろうよ、それから営業所の開閉店時間と始終業時間は必ず区別させよ〟と長話を門前でやったが、まじめに答えていた。

かつてのように、労組役員になって会社での出世を売り込める時代ではなくなっているし、あの無茶苦茶な反共教育もやっていないようだ。会社もコストダウンで労使癒着幹部育成にも余裕がないようだ。だから人権しんぶんにしつこく載せている「連合評価委員会報告」の具体的な点をわかりやすく、現場の執行委員や職場委員と対話していくことが重要だ。

さしあたり現場の情報が不足しているので、職場で出されているあらゆる出来事を近畿センターや各地のセンターへみんなが持ち寄ろう。地域発行している和歌山の鉄塔や兵庫のリバティは貴重な情報が豊富なので、近畿全体の会員にも届ける努力をしよう。

今日の話しのような電力運動の歴史的成果への認識の一致と、そして現在の情勢認識の一致が重要だ。近畿センターが、NGOやNPOの資格を勝ち取って壮大な活動が展開出来るような研究、本日から開始する〝エネルギーユニオン〟の探求、各センターに当番制を敷き、各地の労連や弁護士がやっているような相談窓口へ向け、活動水準を引き上げていこう。各地の年金組合には、かつての六〇年安保組みもどんどん参加してきているが、その人たちが私たちの〝人権しんぶん〟を見てびっくりしている。役に立たない労働組合なら別の組合をつくるという短絡的な考えでなく、連合系全体も丸ごと様々な変化をリアルにとらえて、共同してたたかう方向を示していくような課題にも挑戦しよう。

本日の協議内容は、〝仲間つくり〟とともに、ホップ・ステップ・ジャンプ戦略の最大課題なので、もっと多くの参加を求め発展させよう。」

(2) 地域と職場をむすんだ日常活動

二〇一八年現在、〝人権しんぶん〟発行数は61号となり、関西電力管内の全域約五〇の事業所や社宅で配布されている。早朝の門前配布では、「何人と挨拶が交わされて、どんな対話があったか」を軸に明るい雰囲気の配布となり『ひと言感想はがき』には、切実な声も含め職場の現状が届けられている。

各府県センターも独自の職場しんぶんを発行、関連会社労働者も含めて手渡しや郵送で深い対話が広がっている。特に三・一一以降「全原発停止によって儲けが減った関電」を理由に賃金・賞与がカットされたが、これへの怒りは大きい。

現役とOB、そして関心ある市民の方々と共に、ユニークな運動を進めている。

「NPO法人市民株主の会」の基礎は争議団時代につくられた。最高裁で完全に勝訴しているのに関電本店は動かなかった。当時神戸市職員労働組合の仲介で関電株主でも有る神戸市の担当者と相談も行った。万博公園会場での関電株主総会では当時尼崎公害裁判支援者と共同して関電に解決を鋭く迫った。争議解決後は関電経営の方針・姿勢・体質などを批判しCSR（企業の社会的責任）に基づき改革を提起するため市民株主にも多く参加を求めNPO法人化した。関電労組も取り上げない障害社員への差別的取り扱い、関電本店社員の過労死事件なども解決のため株主総会を活用した。三・一一以降は「原発しがみつき経営」を糺すため、大株主でもある大阪市・神戸市・京都市などの修正提案、多くの反原発団体とも緩やかに共同しつつ経営方針の変更を求め続けている。

地球温暖化と異常気象が進む中、かって公害企業だった関電、さらに原発安全神話を反省しない関電。こうした環境問題を軸にガス、上下水道、鉄道関係の方々と共に「ライフライン市民フォーラム（LLCF）」を結成し毎年シンポを開催してきた。現在関電の本店と定期的に『懇談会』を持てるようになり、消費者や市民団体とも協力し関電に対し様々な〝情報公開〟を求めている。例えば各原子炉の〝脆性遷移温度〟の実態、全火力発電所のCO_2排出量なども具体的に市民に情報提供している。

2 東電福島原発事故と「原発立国」政策の継続

三・一一東日本大震災と東電福島第一原発のメルトダウン事故は、東北地方に重大な災害をもたらした。二〇一八年三月現在、この悲劇の現状に関する報道は少なくなり、七年経過でふるさとを失った十数万人の悲劇を風化させない活動が求められている。

東電福島第一原発の悲惨な事故から七年目の現状を確認しておこう。

①〝補償打ち切り、家族離ればなれ、子ども達はいじめに会い、故郷に戻れず〟、今も全国へ約八万人が避難されている。②東電福島第一原発の現場は、連日六〜八千人が被曝しつつ懸命な作業を続けても、未だ破壊された炉内状況も不明のまま。③事故直後政府は、「東電を破綻させない」との歪んだ方針のもと、原発被害額を五兆円と見積もった。しかし昨年末二一・五兆円に増加すると言い、電気代で国民に広く負担させることも決めた。多くの専門家は七〇兆円に達すると警告している。④「原子力平和利用」で拡がった〝原発〟も、この福島原発事故で決定的な段階を迎え、世界は国民の安全・暮らし・人権を守るため、EU各国はもとより、アジアの台湾や韓国も原発廃止へ大きく転換した。⑤大量生産・大量消費だった日本は、多くの市民がその問題点に気づき、一気に省エネ・節電時代へ。いま関電管内の電力量も夏ピーク最大時から四〇〇〇万Kwも激減、原発無しでも電力は余る時代となった。⑥かって原発立地でこれを阻止するため住民、支援者、研究者等の奮闘で大きなたたかいがあり、日本の司法は「原発立国」を是認してきた。しかし福島事故後、どの世論調査でも「原発やめよう、再生可能エネルギーへ転換しよう」が大きくなり、地方裁判所段階では「再稼働差し止め」判決も出るようになった。⑦またかって原発立国政策推進だった小泉純一郎元

首相も「私は間違っていた」と正式に表明し、地球環境を守る市民運動と共同している。⑧二〇一八年通常国会へ『原発廃止・エネルギー転換を実現するための改革基本法案（略称：原発ゼロ基本法案）』を立憲民主・共産・自由・社民の四党共同提案として提案した。

以上が、誰もが認める東日本大震災以降の現実である。

にもかかわらず安倍政権は、エネルギー基本計画で原発推進を決め、規制庁を急がせ次々と原発再稼働にのめり込んでいる。九州電力川内原発、四国の伊方原発に続き、二〇一六年の高浜原発三、四号炉の再稼働、二〇一八年一月、大飯原発三号炉、三月には、四号炉を立て続けに再稼働させた。これは、再び若狭を原発銀座にし、福島事故以前の状況に後戻りさせようということなのだ。

この問題に対する市民的な運動の歴史は、全国各地の原発建設立地で、札束によって住民が二分されるたたかいにも屈せず、建設阻止運動は拡がった。そのため田中角栄政権による電源三法で「迷惑料」が立地自治体に投入され、狭い既存の原発敷地に次々建設する日本独特の過密原発となっていった。福島第一六基、柏崎刈羽七基、若狭湾でも美浜・高浜・大飯・敦賀原発等十五基も存在している。

原発構内の事故やトラブルは多く、六ヶ所村やもんじゅを作っても「核燃料サイクル」の実現にはほど遠い事態なのに「原発立国」政策を続けて来た。諸外国では「再生可能エネルギー」への大転換の時代を迎えているにも関わらず、日本では原発にしがみつく政策は続行され、驚くべきことに安倍首相は財界を引き連れて原発輸出に全力上げる有様となっている。

3　市民共同による原発不要社会への転換

一方で国会前では『首都圏反原発連合』として幅広い団体が結集し、安倍政権への抗議行動が続けられ、全国の電力会社事業所前で毎週金曜「カンキン行動（関電前金曜）」が行われ既に各地で三〇〇回を超えて続けられている。さらに各府県で毎月一一日イレブンアクションとして人びとに「原発事故を風化させない」訴えが続けられている。

電力兵庫の会は、毎月神戸大丸前でのリレースピーチも引き受け、現地の悲惨さを伝えている。その内容は①事故当時十八歳以下の子ども達三七万人が終生甲状腺ガン等の検査を受けねばならないこと、②約六万人もの仮設住宅居住者がほぼ永久にふるさとを失ったこと、③子どもを放射能被害から避けるため母子だけで各地へ避難していること、④こんな被害となっても政府・電力会社はいっさい刑事罰もなく、国民負担で東電支援が行われていること、⑤電力が余っているのに原発再稼働を急ぐ経営者の非人道的姿勢批判、等々を諄々と解説し人びとと手をつなごうと呼びかけている。

電力労働運動近畿センターは、三・一一以前から市民団体や研究機関の要請で講演依頼を受けてきた。福島事故以前二〇〇七年頃からパンフレット『原発は金食い虫』にまとめ広く頒布した。原発依存が日本経済や日常のくらしにとっても有害なことを解りやすく説明してきた。

市民や消費者は長い間オイルショック以外は電力問題にあまり関心を持たなかった。しかし福島原発事故はその規模の大きさと悲惨さで愕然とする事態をつきつけた。「電気は電力会社から」だけで暮らしてきた人びとが、原発事故・地球温暖化等々からエネルギー問題などに関心を持つ人達が急激に増えたのである。「災いを転じて福を」という言葉のように、私たちは直ちに幅広く市民学習会を開始した。パワーポイント映像を駆使、どの会場でも質問が多く対話によって理解が深まるスタイルを貫いている。

三・一一以降私たちに学習会への講演依頼は殺到し、関西各府県のセンターは全力上げて対応してきた。原発事故のもよう、その歴史的背景、打開への道などから、二〇一六年以降は、電力自由化と新電力、電力システム改革の行方などテーマはさらに広がった。二〇一一年以降学習会は一三〇回を越え、そこに参加した消費者や市民は四五〇〇人にのぼっている。ユニークなものでは、大学の市民講座に呼ばれ数百人の学生に解説、若狭原発ツアーバス往復で〝原発問題紙芝居〟、わかもの達と〝揚水発電所＋ため池太陽光発電〟見学、悪質なメガソーラー建設地の自治会学習会で対応策講演など、幅の広がりも大きい。

こうして「原発をやめて自然エネルギーへ」の幅広い闘いが拡がっている。かって全国的には政治的な潮流の波もあり、広く共同する取組みは不足していた。これが、福島事故の悲惨な事態によって、あらゆる反対運動が手を繋いで包囲を強める姿となってきている。この流れは各府県にも影響し、地産地消による再生可能エネルギーの爆発的普及の運動と結びついて発展する取組みも日々強化されているのである。

そのため私たちだけでなく市民や研究者も参加する〝電力問題研究会〟を立ち上げた。「電力自由化とは」「原発しがみつきを考える」「日米原子力協定とは」など次々と市民運動に解りやすい解説を行う活動となってきた。この研究会・プロジェクトでは今「原発はやめるべし」と言っても「では、廃炉への道筋はどうなるの」の疑問に応えるパンフ『～動き出した廃炉への道～』を出版、広く普及している。

4　二〇二〇年以降の電力システム改革に対する提起

二〇一六年から電力全面自由化やガス自由化の仕上げがはじまった。暫定期間の上、いよいよ発電・送配電・地域独占の分離が行われる。見てきたように列島を九分割し、原発を主軸とした電力地域独占体制は大きな歪みを社会にもたらした。

一方日本の電力需要は今後大きな変化となっていく。二〇一七年秋、業界紙でもある電気新聞でも「変化を追う」シリーズでまとめたように、①少子高齢化・人口減少時代、その上省エネ・節電で電力需要は一層低迷・先細りへ、②高度経済成長期に建設した送配電設備の老朽化、③電気料金の二〜三割を占め収入源だった〝託送料金〟が減少しつつあり、④再生可能エネ・分散型電源の増加で自家消費がどんどん加速する時代が来た、と分析している。この事実は二〇一八年に入り、電力業界だけでなく広く社会問題化するほどとなり、原発と地域独占を固執する一〇電力経営陣への批判は強烈となっている。

ところが現一〇電力の経営方針は、①原発にしがみつき、②アンバンドリング（発電・送電・営業などの分離）に抵抗し、③他社やガスの領域に乗り込み、顧客の囲い込み・奪い合い等々、展望のない動きに終始しつつ、もっぱら「分社化」として労働現場に混乱を持ち込む姿となっている。

再生可能エネ発電の買い取り制度（ＦＩＴ）から電源構成は劇的な変化となった。簡単な投資で誰もが〝発電所〟をつくり、その投資と回収も見通すことが可能な時代となった。

一方、一〇電力体制は高電気料金による投資で原発だけでなく海岸線の大型火力発電や山奥の大規模ダムによる水力発電、その流通網として長大送電線建設などに没頭してきた。この経営手法では、投資回収に数十年を要したが、市場さえ独占しておけばその経営は安定だった。この保守的経営は数十年間続いた。そのため新しい技術発展・技術革新は安定投資を妨害し損害を与えるとして電力経営者は二の次としてきた。つまり、大正・昭和時代から送配電システムへの技術の基本は殆ど変わっていない。市民サイドから都会の陳腐化した電力設備を見るだけでも、こうした電力地域独占は技術革新の敵でもあった。

海外を見るとその比較は歴然だ。電力体系を根本から見直したデンマークは、「少数大規模発電と集中送電網」から「無数の小規模地域発電施設による分散ネットワーク」へ一九八〇年代から大転換した。電力自給率も五%だったが二〇一七年現在一二〇%を超え電力輸出国となった。今はまだ北海原油・天然ガスに頼っているが二〇五〇年までに化石燃料から完全脱却を国策として決め、消費者も電力業界もこぞってこの方向へ前進させているが、多くの国もこの方向へ舵を切っている。

私たちはこうした日本の憂慮すべき事態に対し、電力労働者として多くの消費者・市民とともに、国民本位のライフラインへ向けた提起を共有したいと考える。当面「電力全面自由化、二〇二〇年四月以降のシステム改革」について問題点を抽出し、下記基本的観点にもとづく『エネルギー政策』実現を訴えている。

(1) 私たちの『基本的観点』

◎規制緩和・自由化万能論ではなく、『市民社会の発展のため、規制と誘導が必要』との方向を求める。

◎再稼働禁止、原発はゼロへ、再生可能エネ発電の最優先を、地産地消、自産自消、温暖化防止に寄与、ユニバーサルサービス堅持、ライフライン労働者の雇用拡大・労働条件向上等。

◎こうした〝改革の将来〟について、市民団体・研究者・ライフライン労働者と幅広く協議を進める。こうして電力の発電・送電・配電・営業などの現場で働き、そこでくらしと労働運動等を学んできた多くの仲間が、いま地域の市民とともに、地球にやさしいエネルギー未来の構築に力を発揮するため日常的に活動している。そのキーワードは「環境・人権・平和・格差解消・青年時代」。しっかりと地域住民と共同し、民主的変革の道を発展させる運動が急務である。

(2) 今日も続く電力職場改革のいぶき

二〇一八年四月、電力自由化による発送配電分割目前の関西電力職場で、電力労働運動近畿センターニュース「人権しんぶん第62号」が配られている。過密労働が待ち受ける職場へ出勤する人達は、それでもすっかり馴染みなので様々な対話の輪が広がる。

A職場：高卒の新規配属があって新鮮さがあふれている。七時三〇分過ぎに三名が出勤、フレックスタイム利用らしい。「早いなあ」と声かけると「フレックスを使ってますねん。昨日は四時半に帰りました。気持ち良かったですよ」。「元気そうですね」と声をかけてくれる人が多数「eスタッフ(定年後働く人)は三人。別に軋轢などはありませんよ。頑張ってやってます」と長話し、「また飲みに行きましょう。いつでもええですよ」。両手でビラを受け取ってくれる人も複数あり、受け取り拒否は少ない。

B職場：本店や支社と違って「ゆっくりとした足取り」の出勤風景。「忙しいです。電気工事業者の方から遅いといった苦情が来て大変です」と言う。「二月に変わってきましたが忙しいです、久しぶりでお元気ですか？」の挨拶を頂く。「カードリーダーは三〇分前でもいいが、PCは五〇分にならないと電源を入れれませんよ」とサービス労働改善もよく解った。

C職場：興味があるのか自転車入門の青年が手を出して受け取った。中から出てきた人「Nさん、僕、今ここにいるんです、元気そうですね」とのこと。誰かと思い出して「今大変だろう、人が減ったようだが」「はい、今は一人で一水系をみているのです」「これからますます大変になるぞ、元気でやれよ」（合理化で四つの制御所を一給電制御所にまとめたため、多数で監視操作していたのが三人で見ることになるようだ）。以前、労組支部執行委員長だった人「お元気そうで」「有難う、君顔色が悪いぞ」「調子が悪いんです、忙しくて」「気を付けて、元気に」と今回のビラを示し、過労死まねく長時間労働NOの記事を勧める。

D関係会社職場：新入社員に手渡すと「初めてもらいました。毎月撒いているのですか?」に、「年四回春夏秋冬に配っているよ」。関電サービス（関電の子会社）はかつてOBの受け皿だったが、新卒社員を採用している会社になったようで社員数も四〇〇〇人以上となっている。Aさんと話して四月末に飲み会を決めた。電力職場で働く人びととの対話と交流は今日も広がっている。

結び　真の改革に向かって

電力争議解決から約二〇年、憲法十三条を大きくかかげて勝ち取った関電最高裁判決を生かし、職場内外で労働者の尊厳を高める活動が続いている。その上に、不幸にも東電福島原発事故の惨事で国民は電力問題への関心を一挙に高めた。「原発をやめて自然エネルギーによる地域主導型への転換を」の動きが日本でも世界でも急速に広がっている。だから今までの電力会社の働き手以外に、数十万人規模の電力労働者も出現しつつある。ユニオンショップ制でいわば会社丸抱えの忠実な労組も、幅広く地域ごとの産業別労組へ転換せざるを得なくなってきている。

二〇二〇年四月以降の「電力システム改革（地域ごとの独占体制を終わらせ、発電、送電、配電などの事業を分割し、真の自由化へ進める）」への進行は、いま「原発にしがみつく守旧派」によって妨害が起きている。

しかし、冒頭の前史に記述したように、戦前のファッショ的政権下においてではあるが、電力事業のドラスティックな「システム改革」は可能であった。現在の民主主義社会で大いなる「民衆の力」と、電力技術者としてロマンを持って働く者たちが、幅広く共同することによって、真の変革も可能だと考えるのである。

あとがき

本書では、労働運動におけるうたごえの力を実証するために、電力のたたかいを取り上げた。その理由は、電産が戦後の出発点において最大の産別組織であったこと、国家と企業が一体となった攻撃によって弱体化・企業別組織化させられたこと、その後生じた三電力における人権侵害に対する闘いで――ナショナルセンターへの帰属問題をめぐって、一部に電力の闘い方に対する消極的評価もあるが――三電力の三つの争議団が団結を貫き歴史的勝利を勝ち取ったこと、その闘いの中でとりわけ多くの曲が創作され歌われたこと、現在でも様々な形で歌い続けている争議団員が存在すること、電力のたたかいはまだ別の形で続いている（電力労働運動近畿センターの活動など）こと、そしてこのような歴史を見ることは現在の原発や自然エネルギー問題を考える上で有益であること、である。国労などの同様の事例を取り上げ、比較検討することができれば、さらに実証性を高めることができるであろう。

電力のたたかいは、勝利的和解で終わったが、成果として注目しなければならないのは、「職場の中で人間関係を形成する自由」を裁判で勝ち取ったことである。人権や自由の内実を深める重要な判決であり、原告たちが職場の中で企業側がもうけた垣根をなくす上で大きなより所となった。現在、大垣警察市民監視違憲訴訟（岐阜県警大垣署警備課が一般市民の個人情報を収集し、それを風力発電装置の設置をめざす中部電力子会社シーテック社に提供したことの違憲性を争っている訴訟）が闘われている。主要な争点は警察の情報収集や民間業者への提供の問題性やプライバシーの侵害であるが、「人間関係を形成する自由」も、争点である。この点に関しては、電力の判決が力になることは間違いない。この訴訟が中部電力の子会社による風力発電の設置の計画をめぐって権力と会社が一体となって行った人権侵害に対するものであるという点、たたかいがあったから顕在化したが、潜在している事例が他にもあると思われる点、また、この自由が市民社会においても自明のものとなっていないという点に注目したい。というのは、もともと権力による監視や権力と企業の協力は企業内に止まらず、企業の内外を貫いて行われていることがここにも読み取れるのであって、電力争議でそれに抗して勝ち取られた判決は、市民社会のあり方を逆照射しているからである。（第1部第3章参照）

それにしても、強大な資本になぜ電力のたたかいが勝利したのであろうか？ 中村論文（第1部第1章4）の最後で引用された中電争議の一総括に一つの答えがある。キー・ワードは、「趣味を生かした文化」、専門家との協働、自発性・能動性、そして屋内外の集会などの活用、である。この総括こそ、編者（中村）が、電力の闘いにおけるうたごえの役割に興味を持ち、共同プロジェクトに参加する契機となったものである。学会（日本法哲学会や民主主義科学者協会法律部会など）での活動だけではなく、組合活動や各種活動、とくに合唱活動を長く続けて来たこと、それ故うたごえ運動に参加してきた労働者と共通の基盤をもっていることも影響しているであろう。編者（田中）は、論説「労働者の連帯と文化・サークル運動」（中村浩爾・寺間誠治編著『労働運動の新たな地平―労働者・労働組合の組織化―』かもがわ出版、二〇一五年、所収）において、サークル運動、とりわけ、うたごえが労働運動の中で果たした役割と「うたごえ酒場」の発展性について論じているが、前者のキー概念は「うたはたたかいの綴り方」、後者のそれは「共通の場」である。本プロジェクトはそれらを起点としてさらに広い視野の下に問題を掘り下げることを意図したものである。「うたはたたかいの綴り方」（「まえがき」参照）というとらえかたは、「起点」となっただけではなく、プロジェクトを導く視点となっており、第Ⅱ部に結実している。「歌は歴史を後世に伝えると共に、時間を再現する力を持っている」（山崎）、「良心の記録」（太田）などの表現はまさに、その現れの一端である。

本書の意義は、公式の総括やこのような非公式の総括を踏まえつつも、闘いにおけるうたごえの役割に焦点を絞ってたたかいを振り返ること、それによって総括を豊かにするだけではなく現代および将来に生かすこと、そして、たたかいの記憶・記録の風化を防ぐこと、にある。

総括を豊かにするという点では、研究会の中で、電力のたたかいにおけるうたごえ、様々な文化、スポーツや遊びの果たした役割、そして専門家との協働などの多くの示唆を得ると同時に、問題性も読み取ることができた。それは、まさに時間の経過によって可能となったことである。主体的な文化活動に示唆があり、専門家との協働に問題性がある。闘争時に専門家と現場の労働者が協力して行った創作活動は、労働者の側にオリジナリティの自覚が弱かったため、ＪＡＳＲＡＣ（日本著作権協会）に登録する局面では、専門家の貢献が過大に評価された、というより協働の実態が正確に反映されなかったのではないかという疑問がある。（弁護団と争議団との関係の解明も今後の課題である）。労働者の創作活動を活発化させるためにも、作詞・作曲における労働者のオリジナリティがより正当に評価されるべきであろう。

同様の問題は、本書収録の論文・評論・解説などの作成においても生じた。研究者と労働者の立場の違いという具合に単純化できるものではないが（なぜなら、研究者の側にも労働者的な面や労働者の闘いを理解できる力があり、労働者の側にも研究者的な面があるからであるが）、また、民主的な研究会運営と各労作の内容や形式に関する忌憚のないやりとりによって、労働者のオリジナリティは最大限に尊重され、対立はいちおう止揚されているが、普遍性・学術性・客観性を追求しようとする編者（研究者）と個別性・大衆性・主観性を重視する（元）労働者／争議団員との間に、各段階で様々な意見の相違が存在し、考え方の違いを埋めきれなかったり理論的に十分詰め切れない部分が残ったのも事実である。たとえば、「うたごえ運動」に対する見方が、「うたごえ運動」に参加している元争議団員と編者（中村）との間で、また両編者の間でも完全に一致しているわけではない。また、鈴木論文において、電力争議の本質として「反共労務政策」が強調されているが、反共イデオロギーが強かったのは事実だとしても、他の要素も検討しなければ不十分ではないかという点について議論が尽きたわけではない。さらにまた、ナショナルセンターへの帰属をめぐる批判に対する反応も同じではない。これらの究めきれていない点の解明は、今後の課題であり、不十分な点への批判を甘受するほかはないが、作成過程で生じた意見の違いや様々な困難を、自由な議論を通じて研究者と労働者が共同で乗り越えることができたことに価値があり、電力のたたかいの伝統が生きていると思われる。

現代および将来に生かすという問題意識は、全編を貫いているが、それはとくに第Ⅲ部に顕著である。争議終結後に設立された「電力労働運動近畿センター」は、原発依存をやめさせる運動を展開するのみならず改革の方向性も示している。また、関電争議団は、成果主義が導入されてから暗くなった労働者を励ますために、釣りや温泉旅行などの「遊び」を活用した活動を現役とともに行っているが、三電力争議団の争議中の運動形態と共通しており、それと共鳴関係にある。また、争議団で歌っていた人びとが各地の合唱団で歌い続けていること、また、うたごえに直接かかわらなかった原告の多くが、たたかいの経験を活かして各地で、労働組合運動、地域の多様な運動、そして、平和・民主運動にかかわっていることも、争議中のエネルギーが争議終結後も続いていることを示している。つまり、このプロジェクトを通して、電力の闘いが現代および将来に生きるものであることが明らかにされたと言うことができる。

記憶・記録の継承という点では、作詞・作曲の経緯や演奏活動などを紹介し、歌詞のみならず楽譜を掲載して、それらの曲が歌い継がれる基盤を提供した。

うたごえと労働運動の相互作用の中でうたごえが労働運動の中で再活性化すること、そして、労働運動が再興されることを期待する。

楽譜のパソコンによる清書は多田泉氏の手による。

争議団ＯＢをはじめご協力頂いた関係者の方々、そして、かもがわ出版社・松竹伸幸氏には心から御礼申し上げる。

二〇一八年七月三十一日

中村　浩爾

電力労働者のたたかいと歌の力
―職場に憲法の風を―

2019年1月15日　第1刷発行

編著者　中村浩爾・田中幸世

発行者　竹村 正治
発行所　株式会社 かもがわ出版
〒602-8119　京都市上京区堀川通出水西入
TEL 075-432-2868　FAX 075-432-2869
振替 01010-5-12436
http://www.kamogawa.co.jp

製　作　新日本プロセス株式会社
印刷所　シナノ書籍印刷株式会社

ISBN978-4-7803-1003-0　C0036
Printed in JAPAN

プロフィール

〈編・著者〉

中村　浩爾（なかむら・こうじ）

大阪経済法科大学名誉教授。民主主義科学者協会法律部会・元全国事務局長、日本スポーツ法学会・元理事、大阪地区私立大学教職員組合連合・元教研部長。

〔主要業績〕『現代民主主義と多数決原理』法律文化社、1992年、『民主主義の深化と市民社会』文理閣、2005年、中村浩爾・湯山哲守・和田進編著『権力の仕掛けと仕掛け返し―憲法のアイデンティティのために―』文理閣、2011年、中村浩爾・寺間誠治編著『労働運動の新たな地平―労働者・労働組合の組織化―』かもがわ出版、2015年（副題一部省略）ほか。

田中　幸世（たなか・さちよ）

大阪経済法科大学アジア研究所客員研究員。基礎経済科学研究所理事。演出家（フリー）。

〔演劇関係〕製作、演出、脚本、民俗芸能の採集と舞台化。また市民と創る舞台やコンサートなどの演出、コンクール審査員など。劇団に35年あまり在籍したが、研究に軸足をおくようになり退団。その後フリーで活動。

〔研究関係〕社会思想史、民衆文化論を柱に、論文・翻訳などを出版。近著では、「自由大学運動と現代」（中村浩爾・桐山孝信・山本健慈編著『社会変革と社会科学―時代と対峙する思想と実践』昭和堂、2017年、所収）他がある。

〈著者〉執筆順

豊川　義明（とよかわ・よしあき）

弁護士（C＆L法律事務所）、2004年関西学院大学大学院司法研究科（法科大学院）教授（労働法等担当）（～2014年）、2014年～同研究科客員教授（現在に至る）、日本労働法学会所属、元関西電力人権・賃金差別事件弁護団。

〔主要業績〕『労使紛争と法』（共著、有斐閣・1995年）、『ウオッチング労働法【第3版】』（共著、有斐閣・2009年）、『ロースクール演習労働法【第2版】』（共著、法学書院・2010年）、『判例チャートから学ぶ労働法』（共編、法律文化社・2011年）、『書式労働事件の実務』（編者、民事法研究会・2018年）ほか。

鈴木　章治（すずき・しょうじ）

レッド・パージ反対全国連絡センター事務局長、東京非核政府の会常任世話人・事務局、ＮＰＯ法人世界＆日本のエネルギー労働者と連帯する会代表理事。

元東電争議原告：原告団（中央）事務局長・副団長を歴任。賃金チームの責任者として各地の法廷で差別賃金論を証言。東電労組東京火力支部専従２年歴任、労組右翼化阻止のたたかいの中でうたごえ運動を経験（労使の圧力を受けながら新宿御苑などで練習し日本のうたごえ大会に参加など）。

太田　春男（おおた・はるお）

家業を継ぎ農業に励む。

元東電争議原告：東京原告団の事務局員、東電合唱団きずな団長、東京のうたごえ協議会事務局長を歴任。1963 年入社、多摩支店 旧調布支社にて設備建設の技術者として 2004 年定年退職。

刈谷　隆（かりや・たかし）

革新懇運動、年金者組合運動、まちづくり運動、合唱団みどり、ＯＨ！人生男声合唱団で活動。

元中電争議原告：事務局長（前半８年ほど）、争議団副団長（後半 10 年ほど）など。1960 年入社、2001 年岡崎支店工務部土木課（水力発電所や変電所などの工作物の保守点検業務）で定年退職。

勝　功雄（かつ・いさお）

全日本年金者組合兵庫県本部副委員長。

元関電争議原告：関電争議団阪神の会事務局長。1965 年西播センター合唱団に入団、翌 66 年同団アコーディオン教室に入り、労働組合青年部のキャンプ等で交流の中心として活躍。阪神センター合唱団教育部長、団長、尼崎合唱連盟理事、兵庫のうたごえ協議会会長を歴任。

合唱構成劇「もう飛ばないで」の創作に関わり（1972 年）、1980 年以後、争議支援の歌をはじめ 100 曲以上創作。1961 年入社、尼崎東発電所に配属、2003 年定年退職。

砂野　宏（いさの・ひろし）

労音に 1949 年の発足時から参加。また名張毒ぶどう酒事件兵庫の会で再審請

求のため奔走。労音役員をはじめ国民救援会伊丹支部長等を歴任。現会員。
元関電争議原告：関電「人権裁判」では電力のうたごえの指揮者としてコンサート等の牽引車となる。1947 年関西配電入社、料金課一筋に関電西宮営業所で定年退職。

山崎　昭広（やまざき・あきひろ）
「障害児を普通学級へ（親の会）」（尾鷲・四日市）活動。
元中電争議原告：中電争議団尾鷲ブロック代表者（2 期）、中電争議団四日市ブロック代表者（2 期）、支援共闘会議機関紙「尊厳」・「三重支援共闘ニュース」編集委員（各 2 期）、合唱団「いなづま」入部、創作活動に従事。1961 年入社、2002 年 10 月四日市火力発電所保修課計測グループで定年退職。

出木　みつる（でぎ・みつる）
詩人会議・静岡の詩人会議『詩林』同人、うたう仲間ＴＯＭＯ創作集団、年金うたごえ藤枝創作集団に参加。福祉関係やなくそう浜岡原発藤枝市民の会、年金者組合藤枝支部などで会報等を編集。
元中電争議原告：中電人権争議合唱団「いなづま」代表・三電力創作会議。
1954 年入社、1995 年静岡支店掛川営業所総務Ｇ資材倉庫で定年退職。
詩集『勲章をもらわなかったばあちゃん』(1987)、『しやぼん玉に』(2008) 他出版。

速水　二郎（はやみ・じろう）
兵庫県憲法会議・兵庫憲法共同センター事務局、「原発をやめて自然エネルギーへ」等をテーマに市民対象に講演活動。1986 ～ 1998 年日本国民救援会中央常任委員・兵庫県事務局長。
元関電争議原告：関西電力労働組合の諸役員で活動、そのため思想差別を受け、人権裁判などの原告として約 30 年闘った。1955 年入社、1997 年定年退職。
パンフ「原子力発電は金食い虫」(2007)、パンフ「市民にやさしいスマートグリッド入門」(2011) ほか出版。

坂東　通信　（ばんどう・みちのぶ）
電力労働運動近畿センターで活動。
元関電争議原告：関電争議団全関西連絡会議事務局長など歴任。1959 年入社、神戸支店西宮営業所で定年退職。

電力のたたかいと創作曲年表

東電争議団・中電争議団・関電争議団をそれぞれ（東）・（中）・（関）、創作会議は（創）と略記。

年	月	電力労働組合運動・ 争議団の取組／うたごえ関係の取組	月	電力関係および社会の動き
1939			4	日本発送電㈱（以下日発）発足
1941			8	配電統制令公布（電力の配給制実施…全国配電会社を９配電会社に再編 ）
1945			8	**敗戦**　（ポツダム宣言受諾／第2次大戦終結）
			10	治安維持法廃止
			12	労働組合法制定（1949.6全面改正）
1946	1	日本発送電従業員組合結成	7	米・ビキニ環礁公開核実験（～54年：米）
	5	戦後初のメーデー（50万人参加：皇居前広場）		国鉄7万5千人解雇通告
	8	働く人々の音楽祭（「うたごえ運動」の先駆け）	11	**日本国憲法公布（1947.5.3施行）**
			12	インドシナ戦争始まる
1947	2	2.1ゼネスト中止（GHQ2.1スト中止命令1.31）		
	5	「電産」結成	5	**日本国憲法施行（5.3）**
1948			2	電気事業を過剰経済力排除法に指定
	12	**うたごえ運動はじまる（青共中央合唱団創立）**	12	世界人権宣言採択（国連総会）
1949	5	電産大会（左右対立激化） （世界労連参加・産別脱退否決）	4	北大西洋条約機構（NATO）成立
			6	労働組合法（公布）
	11	大阪労音（勤労者音楽協議会）結成（砂野参加）	7～8	下山・三鷹・松川事件
	12	**関東配電労働組合結成（電産から分裂）**	10	中華人民共和国成立
1950	8	電産レッドパージ（2137名）		
	12	**うたごえ喫茶「どん底」（以後各地にopen）**	6	朝鮮戦争はじまる（～53.7）
			8	警察予備隊創設（陸上自衛隊の前身）
1951			5	９電力会社発足
			6	**東京電力労組発足（関東配電労組を改称）**
	9	電産第6回大会〔平和4原則支持、民同派分裂始まる）	9	対日講和条約・日米安全保障条約調印
1952	4	**メーデー前夜祭に1000人の職場合同合唱**	5	「血のメーデー事件」（皇居外苑）
	5		11	米、人類初の水爆実験
			12	電産・炭労スト
1953			5	関西電力労組結成（3218名）
			7	朝鮮戦争休戦協定調印
	11	**（第１回）「日本のうたごえ（祭典）」（総評後援）**	8	電気事業のスト規制法成立
1954	3	**うたごえ運動と総評が連携**	3	第五福竜丸被曝（久保山愛吉死亡9／23）
	5	**電労連結成（後に電力総連に改称）**	7	陸海空自衛隊発足
			8	火力発電所建設に世銀借款成立 （アメリカから火力発電機の輸入始まる）
1955			2	**松永私案発表（「火主水従」**
			6・9	第1回母親大会／第1回原水禁世界大会〔広島〕
			6	日米原子力協定調印
			8	重油ボイラー規制法公布（国内の石炭産業保護）

1955			8	第1回原子力平和利用国際会議
		第1回全国労音連絡会議(20労音・13万人)	12	原子力基本法公布
	創作曲	①**「しあわせの歌」(石原健治/木下航二)**(電産愛唱歌入選作)電力合同で参加　「日うた」in東京		
1956			1	砂川基地拡張反対闘争激化(砂川事件55～57)
			2	勤評闘争(1958勤務評定実施)
	3	電産分裂拡大(第11回大会で、各電力労組との合同を決定)	3	日本原子力産業会議設置
			*	**神武景気** (三種の神器-テレビ・洗濯機・冷蔵庫)
	6	電産関東と東電労組は対等平等で組織統一し東電労組となる	7	黒四ダム着工(1963年完成/殉職者171人)
			12	日本、国連加盟決定
1957			8	東海村原子炉に火/原研第一号炉が臨界
1959	6	(東)松田英孝不当配転(鶴見から千曲川へ)	9	**伊勢湾台風**(死者5041名)
			12	**三池闘争**(～1960)
1960			4	米ドレスデン原発発電開始(～78)
			3	三井三池炭鉱争議(組合全山スト)
			5	新安保条約強行採決(安保闘争)
1961			1	ケネディ米大統領就任(63.11:ダラスで暗殺)
	4	(東)松田英孝不当配転仮処分申請(却下)	4	ガガーリン少佐、人類初の宇宙飛行
			5	9電力労務担当者会議
			8	松川事件無罪判決〔63年9月確定〕
			9	ソ連50メガトン核実験、死の灰
1962			1	貿易自由化88%実施
			2	ベトナム戦争本格化
	5	(東)石橋一男、(新潟支部)に解雇通告発令	4	電気労連統一スト、7万人職場放棄
	10	(東)石橋一男、新潟地労委に不当労働行為申立書提出	11	初の原発候補地、美浜決定
1963			1	関電:年頭挨拶「次の夢は原子力建設」
	10	(東)山本忠利「転勤命令拒否」で懲戒解雇(10.1)	8	米・英・ソ・部分核停条約調印
	10	(東)山本忠利解雇撤回を求める本訴(10.29)	11	三池炭鉱三川鉱爆発事故
		(東)「山本勝利する会」(第一回総会)(11.29)		日米初テレビ中継実験成功
1964	*	**関電、左派活動家、尼崎第二発電所に集中配転・インフォーマル組織暗躍**		
	9	(東)松上辰雄・武井文郎〔山梨〕「会社業務運営妨害の文書配布」とする譴責処分		
			4	63年度電力供給量火力が水力を上回る
			9	横須賀で原潜反対7万人集会
	11	(東)東電労組、松上・寺尾・武井に権利停止6か月	10	東海道新幹線開通/東京オリンピック
1965	*	たたかう労働者への攻撃加速	1	原発建設推進会議設置
	1	(東)飯田至弘〔群馬〕、「会社を誹謗するビラ配布」として譴責処分	2	米北爆開始(ベトナム戦争激化) (佐藤首相北爆支持90億ドル)
				火力と水力の発電比率が2対1に
	11	**全逓、全電通等、うたごえから脱退** (「日本音楽協議会=日音協」を設立)	6	日韓条約成立
			11	中国文化大革命はじまる
1966			1	関電年頭挨拶「原発建設本格着工の年」

			7	原発東海発電所運転開始
	11	(東)青木一(山梨)、「社員電気せん用事件」で解雇	8	原発予定地芦浜現地調査
	12	(東)青木一「解雇不当」の仮処分申請(甲府地裁)	10	総評初のベトナム反戦スト(10.21)
1967			5	美浜原発着工
			6	関電労組全機関役員から左派一掃
			8	米、ベトナム北爆最大規模
			9	四日市公害裁判提訴
			12	関電、カナダ社とウラン長期購入契約
			*	高度経済成長時代(GNP 12.3%)
1968			1	エンタープライズ入港
			2	日米、日英原子力協定調印
			9	水俣病を公害病と認定(厚生省)
1969	1	**(関)高馬士郎氏ビラ配布で懲戒処分**	2	(関)本店支配人通達「ビラ配布禁止」
	3	(中)四日市火力発電所人権侵害を法務局に申立て	6	原子力船むつ進水
	6	**(関)高馬ビラ事件神戸地裁へ提訴**	8	大学法案強行採決
1970			3	大阪万博開催(入場者6400万人余)
				四日市ぜんそくなどの「公害裁判」で中電等6社の賠償責任を明示
		(関)高馬・奥山・山口(3名)資格裁判提訴	9	中国水爆実験
		(関)労務管理懇談会のマル秘文書発覚	11	美浜原発一号運転開始
			12	公害対策基本法成立
1971	4	**(東)山本解雇事件全面勝利判決(横浜地裁)**	3	福島原発一号機運転開始
		(関)人権侵犯事件、法務局へ申し立て(4.30)	4	青法協問題、司法反動へ
			6	沖縄返還協定調印(72年5月発効)
			8	関電労組本部、人権事件に関して中立を表明
	12	**(関)人権侵犯事件、4名提訴**(神戸地裁)(12.8)		ドルショック→73年変動相場制へ移行
1972			9	日中国交正常化
1973	7	**(関)ビラ事件:尼崎地裁勝訴(7.28)**	10	第一次オイルショック
			12	三菱樹脂高野氏、最高裁敗訴
1974	7	(東)渡辺令子、思想表明強要事件で会社を提訴	8	ウォーターゲート事件ニクソン米大統領辞任
	8	(中)刈谷夫妻夫婦同居勝ち取る	8	原子力船「むつ」放射能漏れ
			11	高浜原発一号機運開
1975	5	**(中)中電人権裁判名古屋地裁へ90名一括提訴** (愛知・長野・静岡・三重・岐阜)	4	ベトナム戦争終結
		(東)松田闘争勝利和解(10.24)	6	公労協スト権スト(~12/3)
		(東)人権侵害・賃金差別撤廃訴訟準備会発足		
1976	1	(東)山本全面勝利和解成立(職場復帰)(1.16)	2	美浜原発3号機試送電
	3	(中)浜田征一著:漫画パンフ「クラヤミ電力」創刊	4	第一次天安門事件
	10	**(東)142名賃金差別提訴** (東京、横浜、千葉、前橋、甲府、長野の各地裁)	7	ロッキード事件で田中角栄逮捕
1977	1	(東)機関紙「人間」創刊		
	4	(中)尾鷲支援する会結成		
		(中)支援する会機関誌「尊厳」創刊		
	7	(東)第1回団結キャンプ(富士西湖、316名) (以後毎年350名規模で開催)	8	中国文化大革命終結宣言

1978	*	(東)各地で昼休み抗議デモ等(裁判終結まで・各地でビラ配布等無数)	4	福島第一原発5号機運転開始
	6	**(関)関電ビラ事件大阪高裁で敗訴、「忠実義務論」でる。**		
	10	(東)78秋闘・差益還元・差別撤廃・関東甲信越総行動5000名		
	11	(東)板橋総決起集会1000名(その他各地で集会等)	11	日米防衛ガイドライン
		(東)「職場に自由と民主主義を」東京集会	12	柏崎・刈羽原発着工
	創作曲	② **(中)「黄色いゼッケン」**(浅井正人／西三河青年合唱団) (東)「人間らしく」(千葉合唱団と創作会議／藤村紀一郎)／(中)「電力哀歌」(浅井正人／藤村紀一郎)		
1979	2	(東)第3回「職場に自由と民主主義を」全国交流集会	3	スリーマイル島原発放射能漏れ事故
	3~	(東)企業ぐるみ選挙告発・円高差益還元要求関東甲信越地方100万枚宣伝行動		大飯原発運転開始
	7	(関)ビラ事件:千代田区労協が支援決議	10	福島第一原発6号機運転開始
	11	(東)闘争3周年総決起集会「聞いてくれ俺たちの願いを」		
	12	**(中)西三河支援する会結成(以後、各地で)**		
1980	3	(関)神戸支店昼デモ1000人(ぐるみ選挙・電気料金)	8	モスクワ五輪　日・米不参加
	4	(関)阪神の会結成(最高裁闘争本格化・東京常駐決定)	9	電力9社、9月決算で大幅収益
	9	(関)ビラ事件:最高裁包囲行動:(全司法の旗が出る)		イラン・イラク戦争(~1988.8)
	10	(関)関電本社前土曜ビラ開始 (関)ミュージカル「良心の灯は消えず」(阪神センター合唱団)		
	創作曲	③ **(関)「良心の灯をもやそう」**(阪神センター合唱団:佐々木裕子) ④ **(関)「ビラまきの歌」**(阪神センター合唱団:勝功雄) (関)「心つなぐビラ」(詞・曲:勝功雄)／(関)「くらしの想い」(同上) (関)「朝をくばる歌」(阪神センター合唱団:佐々木裕子)／(関)「お母さんのうた」 (同左)		
1981	1	(中)津支店抗議集会(以後争議解決まで毎年実施)		
	2	(中)井上裁判長追放共闘(反動的裁判官／訴訟指揮にも問題)	3	福島第一原発1千億kw/h発電達成
	7	(関)「がんばろう大集会」(ミュージカル「良心の灯は消えず」)	4	敦賀原発高度の放射能漏れ
		(東)渡辺裁判、甲府地裁勝訴(7.13)		関西電力「TQC」導入社達
		(関)出屋敷ビラ開始(以後20年間)		
	8	(東)『あなたの中のさくらたち』(松田解子)出版記念パーティ	10	週休二日制実施
1982	4	(中)春期総行動(デモ1500名)		
		(中)第64回裁判／川端裁判長に交代		
		(中)人権闘争支援の夕べ「ひかり輝け黄色いゼッケン」		
	7	(関)ビラ事件集会(大阪国労会館:100団体)	7	国鉄・電電・専売の3公社分割民営化案
1983	7	(関)ビラ裁判:最高裁包囲34回目／昼デモ30団体		
	9	**(関)ビラ裁判最高裁敗訴:「忠実義務論」は消える。**	5	日本海中部地震で大津波(104名死亡)
	10	(東)本店包囲デモ・株主要請・省庁交渉等1500名	9	**関西電力TQCで4~9月に社員3名自殺**
	11	(関)第1回神戸争議団文化の夕べ「君は炎のように」		
	創作曲	⑤ **(中)「腕ブランコ」(浅井正人／西三河創作講習会)** (中)「嵐をついて」(中電人権裁判勝利めざす創作グループ) (中)「あれから50年」(牧原正泰:名青後援会:補作 林 学) (中)「風のタクト」(浅井正人:山崎昭広))／(関)「あしたのいぶき」(市川小士:林　学)		
1984	1	**(東)渡辺事件、東京高裁逆転敗訴(即日　上告)**	1	三井有明鉱火災

	5	**(関)人権裁判神戸地裁全面勝訴(5.18)**	7	ロサンゼルス五輪共産圏不参加
	11	(関)第2回神戸争議団文化の夕べ「身をきる風の中で」		
		(東・中・関)「ひかり輝け黄色いゼッケン」三電力合同「日うた」in大阪		
	創作曲	⑥ **(関)「大きく生きよう」**(油野耕二:砂野　宏) ⑦ **(関)「いま風にむかって」(作詞:作曲　勝功雄)** (関)「良心の灯を燃やしつづけて」(同上)		
1985	1	(中)創作会議(中電争議団の文化の母体)		
	4	(中)愛知労基局に115名の差別是正を申告	4	NTT、たばこ会社発足
	6	**(中)「光は束となって」合唱団結成**	6	高浜4号機運転開始
	7	(中)争議10周年支援と連帯の集い	8	日航ジャンボ機、御巣鷹山に墜落
	8	(中)原告と職場支援する会で争議団結成		
	9	(関)関電争議団全関西連絡会議結成		
	11	(関)第3回神戸争議支援の夕「俺たちは人間」		
		(東)渡辺闘争「最高裁勝利判決を目指す共同行動」		
	創作曲	⑧ **(中)「みそ汁の歌」**(原詩:野村清澄/石原真知子:林　学) ⑨ **(中)「光は束となって」**(出木みつるとそのファミリー:補作・編曲:林　学) ⑩ **(中)「あしらの里」**(津青年合唱団・中電三重争議団:祖父江昌弘・橋爪和博)) (中)「心をよせて」(オープニング)(林　学)/(中)「流れる愛は」(出木みつる:林　学) (中)「ふるさとの道」(光束構成曲)(浅井正人:山崎昭広・林　学) (中)「カーデガン」(浅井正人:山崎昭広)/(中)「中電争議団かぞえ唄」(久野剣治:山崎昭広) (中)「胴づな一本節」(久野剣治・出木みつる:山崎昭広) (中)「きんもくせいの香り」(山崎昭広:作詞・作曲)		
1986	2	(東)東京、世田谷「チャップリンの夕べ」(500名)	1	関電会長挨拶「原発主、火力従に」
		(中)「光束」尾鷲公演(オリジナルシナリオ作成)		
	3	(中)本店抗議要請行動/三重支店抗議要請行動	4	チェルノブイリ原発爆発事故
	6	(中)原発反対運動とドッキング		
	8	(中)「光束」津公演(三重県縦断コンサート第2弾)		
	9	(関)人権闘争15周年集会「良心の灯は消えず」		
	11	(中)中電合唱団「いなづま」発足		
		(関)第4回神戸争議支援文化の夕べ「輝け人間燈台」		
		3電力スクラムコンサート400名大合唱:「日うた」in名古屋		
	創作曲	⑪ **(中)「胴づな一本」**(久野剣治:山崎昭広　中電創作G:林　学) ⑫ **(中)「涙で破れた菓子袋」**(詩　出木みつる:山崎昭広) (中)「黄色いゼッケンパートⅢ」(鈴木晴夫:山崎昭広:祖父江昌弘:橋爪和博) (中)「廃屋の唄」(浅井正人:山崎昭広)/(中)「小粋なベレー」(久野剣治・出木充:山崎昭広) (中)「水曜日の恋人」(出木みつる:山崎昭広)/(中)「発電機はドミソで和音する」(同左) (中)「煌めくものを」(出木みつる:山崎昭広)/(中)みんなで進もう　この道を」(同左)		
1987	1	(中)春一番　光のコンサート(光束・伊勢公演)		
	7	(関)大阪高裁法廷ごとに500筆署名提出開始	4	国鉄分割民営化(7社に分割)
	11	(関)第5回神戸争議支援文化の夕べ「煌めく星の下に」		
		(東・中・関)電力のうたごえ300人スクラムコンサート「日うた」in埼玉		
	12	(中)光のコンサートin四日市　(光束三重県縦断最終)		
	創作曲	⑬ **(東)「良心の道標」(今野　強:三上芳樹)** (中)「署名の歌」(小室博文:山崎昭広)/(中)「俺とボイラ」(浅井正人:山内知詔・中電創作G:山崎昭広)		

1988	2	**(東)渡辺裁判、最高裁、棄却**		
		(東)渡辺事件最高裁判決緊急ビラ宣伝		
	3	(関)漫画集『とんがらし』出版	3	日本の外貨準備高世界一に
		(中)出木詩集『勲章をもらわなかったおばあちゃん』出版		
	4	(中)光束豊橋公演(三河ブロック争議団と西三河合唱団)		
	5	(中)中電人権争議5県支援共闘会議結成	5	伊方原発出力調整問題発生
	7	**(東)東電合唱団「きずな」誕生(〜2009)**		フロンガス規制(オゾン層保護のため)
		(中)「女子社員原発炉心研修強行」を阻止	8	イラン・イラク停戦に合意
	8	(東・中・関)第6回電力争議交流会	9	尼崎公害訴訟提訴
	11	(東・中・関)電力文化創作会議創作、「日うた」in東京で上演		
	12	(関)第6回神戸争議支援文化の夕べ「いま生きる」		
		(東)神奈川大集会「闘ってこそ自由」文化集会(900名)		
		(関)賃金差別是正を求め神戸地裁へ提訴(21名)		
	創作曲	(中)「タンポポの綿毛」(浅井正人:山崎昭広)／(中)「アイウエオ(同左)／(中)「歩いて歩いて」(同左) (創)「岩堀り人生」(浅井正人:山崎昭広:88電力創作会議) (中)「花にちょうちょ」(返田満:山崎昭広)／(創)「花束を抱えて」(同) (創)「手と手を結べ　渡すビラ」(出木みつる:山崎昭広)／(創)「女ですもの美しく」　(同左) (創)「人間らしく」(東電千葉原告団:補作:今村肇)		
1989	1	**(関)賃金差別是正求め京都地裁へ5名提訴**	1	「昭和」から「平成」へ改元
	2	(東・中・関)3電力スクラムコンサート「日うた」in東京	2	リクルート事件
	3	(東)3.10総決起集会「とりもどせ人間！」	4	消費税スタート
		(中)愛知支援共闘発足　総決起集会(1000名)〜9月にかけて岐阜・静岡・長野・三重の支援共闘会議発足		
	5	(東)中電支援共闘会議結成集会	6	天安門事件(第二次天安門事件)
		(関)原発と平和を考える集い(菊本教授) in 三宮	9	ポーランドで「連帯」が圧勝
		(東・中・関)電力争議団文化活動者会議	11	**総評解散、「連合」と「全労連」結成**
	7	(中)三重県内を中電裁判の宣伝カーが走る(五県一斉キャラバン宣伝)	11	ベルリンの壁崩壊
	11	(東・中・関)スクラムコンサート:「日うた」」in京都	12	マルタ会談冷戦終結を宣言(米ソ首脳)
	12	(関)神戸第7回争議団文化の夕べ　合唱構成劇「良心の灯燃やしつづけて」		
	創作曲	⑭ **(創)「雲に旗たなびく」(返田満:山崎昭広　89電力創作会議)** (創)「ベンチの唄」(青島洋子:山崎昭広　89電力のうたごえ) (中)「防護服のモルモット」(浅井正人:山崎昭広) (中)「手紙」(青島洋子:林　学)		
1990	3	(東)闘争勝利をめざす原発ツアー(福島第一、第二、立地４町要請行動)	3	ソ連、一党独裁放棄(ゴルバチョフ)
	4	(東)第2回創作合宿	4	国鉄1047名解雇
	6	(東)青森核燃料サイクル施設建設反対集会、現地宣伝行動		
		(関)姫路で争議支援文化の夕べ発足		
	10	(東)東電闘争　総決起集会	10	東西ドイツ統一
	11	(東・中・関)自由の風スクラムコンサート・大音楽会(砂野氏の指揮)「日うた」in神戸		
	創作曲	(東)「あゆみつづける私」(東電合唱団:大野文博) (中)「電工ペンチ」　(浅井正人:山崎昭広・中電争議団創作)		

1991	5	(東)支援共闘中央連絡会議結成集会	1	湾岸戦争勃発(日本90億ドル支援)
	6	(関)合唱構成劇「良心の灯ともしつづけて」Ⅲ	2	美浜原発２号機事故発生
	7	(東・中・関)平和行進:電力労働者リレー行進		
	9	**(関)人権裁判大阪高裁全面勝訴**(署名７万２千筆)		
		第一次全国総行動 (172ヶ所、159地点14万枚、152ヶ所要請、他)		
	10	(関)関電支援兵庫共闘会議結成(50団体)	12	ソ連崩壊
	11	(中)「闘ってこそ明日がある」開催		
		(関)第8回争議支援文化の夕べ「失われた音」		大飯原発3号機運転開始
	12	**(東)第二次提訴29名**(東京9・神奈川11・群馬8・千葉1)		
	創作曲	⑮ **(東)「仲間のきずな」(太田春男:大野文博)** ⑯ **(中)「俺たちの年輪」**(石黒真知子:林　学) (関)「ビラを守って2万キロ」(野沢耕二:勝功雄)／(中)「闘ってこそ自由あり」(出木みつる:山崎昭広) (創)「中の島にそよ風が」 (出木みつる:出木みつる・山崎昭広・90電力創作会議) (創)「平和のリレー」(堀江幸男:山崎昭広・90電力のうたごえ創作会議)		
1992		(関)スキーツアー(兵庫県争議団〔以後継続〕)	6	PKO法成立(9月自衛隊カンボジア派遣)
	5	第二次全国総行動		地球環境サミット(リオ)
	8	(関)第9回争議支援文化の夕べ「レールを」		
	9	(東)柏崎・刈羽原発ツアー	7	大飯原発PR館OPEN
	11	(関)(中)スクラムコンサート「日うた」in 横浜		
	創作曲	(中)「ふくろうの歌」 (林　学／林　学)／(東)「さけ」(国武道義) (中)「新パンコの根とり歌」 (出木みつる／山崎昭広／92電力創作会議)		
1993	2	(関)千代田区労協、関電人権最高裁ビラ開始		
	4	(中)総行動・本店包囲デモ		
	5	(中)中電人権争議勝利をめざす決起集会 「あした晴れ　青い空　青い海」		
		(東)群馬「人権ふぇすた」(4000名超)		
		(関)国連要請行動開始(ジュネーブ)／CGT労組(仏)と交流		
	7	(東)東京　東海村原発見学ツアー		
		(中)岐阜支援共闘主催コンサート		
	8	**(東)前橋地裁で群馬原告団勝訴(8.24)**	9	インド大地震(死者3万人)
	10	(関)全国対策会議結成(東京)70団体、200人		
		(東)第10次関東甲信越総行動		
	11	(関)神戸争議団支援文化の夕べ第10回「13人」	11	ヨーロッパ連合(EU)発足
	12	**(東)甲府地裁勝訴(12.22)**		
	創作曲	⑰ **(中)「掛時計の贈物」(石黒真知子:林　学)** ⑱ **(中)「閉じたままのその目に」(出木みつる:山崎昭広)** ⑲ **(中)「亡き友よ」(しんどうしげり:山崎昭広)** ⑳ **(創)「その日から」(原詩:出木みつる:93電力創作会議)** ㉑ **(中)「芦浜の海はいつまでも」(出木みつる:林　学)** (東)「時代おくれ」(太田春男:山崎昭広)／(創)「熊野灘だよ　男だよ」(出木みつる:山崎昭広) (東)「みんなの願い」(鈴木靖雄:山崎昭広)／(東)「さわやかな風を」(上原弘夫:山崎昭広)		
1994	2	**(関)大阪地裁15名提訴(賃金差別是正)**		
	3	**(東)長野地裁勝訴**		
	5	(東・中・関)第3次全国総行動(47都府県一斉)		
		(東)千葉地裁勝訴		

		(中)中電裁判20周年本店包囲デモ1500名		
		(関)関電争議支援近畿支援連絡会結成		
	9	(中)10万枚ビラ(竹下景子ビラ)		
	10	(中)キャラバン宣伝つづく		
	11	**(東)横浜地裁勝訴(11.15)**		
	11	(中)中電ビル包囲デモ(1000名)		
		(関)第11回神戸争議団支援文化の夕べ		
	12	(中)シンポ「国際社会からみた日本の人権」開催		
		(東)東京高裁双方に和解勧告		
	創作曲	(創)「空よ」(しんどうしげり:山崎昭広)		
1995	1	第4次全国総行動(47都道府県一斉宣伝)	1	**阪神淡路大震災** (関電神戸支店管内壊滅状況)(1・17)
			3	地下鉄サリン事件
	7	(中)「20年間よく頑張った—総決起集会」		
	9	**(関)最高裁、人権裁判勝訴(9.5)**		
	12	**(東)東電争議全面勝利解決(12.25)**(支援する会会員10127名)		
		(中)名古屋地裁和解勧告		
	創作曲	㉒ **(中)「風を頬に感じて」(出木みつる:山崎昭広)** (中)「日曜日のメーデー」(出木みつる:山崎昭広)		
1996	1	(中)五県ターミナルビルビラ20万枚宣伝		
	3	**(中)名古屋地裁完全勝訴(3.13)**		
	*	(中)春を呼ぶ南島町民のコンサート(芦浜原発予定地南志摩町版「光束」)		
		(中)TOMOといなづまのジョイントコンサート		
	7	(関)音楽家ユニオンのジャズバンドでデモ隊応援 (シャンソン歌手堀田さちこの演奏)		中国核実験
	8	**(関)大阪地裁へ二次提訴16名**	8	新潟県巻町で原発建設住民投票反対派圧勝
	9	(関)関電本店包囲5000人、姫路発「人権列車」1000人		
	10	(中)みんなでつくる音楽会		
	11	(関)『思想の自由は奪えない』発刊		
	11	(関)神戸争議団支援文化の夕べ「たちあがれ仲間」		
	12	**(関)和歌山地裁へ4名提訴**		
	創作曲	㉓ **(中)「紫陽花のたより」(出木みつる:山崎昭広)** ㉔ **(中)「君の涙」(出木みつる:山崎昭広・編曲木下そんき・96電力創作会議)** ㉕ **(関)「人権列車がはしる」(近藤正博:砂野宏)** (中)「あれから50年」(牧原正泰:名青後援会・補作:林　学) (中)「富士アザミが咲いたよ」(出木みつる:山崎昭広・96うたう仲間TOMO)		
1997	4	電力差別事件国際人権活動日本委員会へ発展	2	動燃で処理施設爆発など不祥事つづく
	5	(中)人権と民主主義を守る大集会(2000名)		
	6	(中)TOMOといなずまのジョイントコンサート		
		(関)句集『トンボのつぶやき』出版(山口浩正)		
	8	(関)国連要請団がジュネーヴへ		
		(関)関電本店包囲5000人、再び「人権列車」1000人		

	9	(中)『花　風にひらく』出版(家族会)	9	日米防衛ガイドライン改訂(2015.4再改定)
	10	**(中)名古屋高裁和解案提示**		
		(中)第23回争議団臨時総会(和解案受諾を決定)		
	11	**(中)中部電力争議全面和解勝利**		
		(東)東電合唱団きづなコンサート(四谷区民ホール)		
	創作曲	(中)「五月キララ(憲法50年)」(出木みつる:山崎昭広)		
1998	1	(東・中・関)「味噌汁の歌」職場合同「日うた」in大阪	5	インド核実験
	9	(関)関電本店包囲5000人(最高裁判決3周年で抗議)	7	高浜町町民集会(プルサーマルを考える)
	12	(東・中・関)仏CGT・FNE招待、三電力代表交流	12	女川原発で教員生徒15人汚染
1999	9	(関)関電本店包囲6000人		
			1	大飯原発2号機制御棒落下／高浜原発4号機プルサーマル延期
	12	**(関)関電争議全面勝利和解(12.8)**	4~5	美浜原発／高浜原発に事故相次ぐ
	*	**(関)電力労働運動近畿センター設立**	8	東海村臨界事故発生(国内初)
				国旗・国歌法成立
2000	2	**(関)勝利集会ポートピアホテルに1200人、CGT2人**		
2001			9	アメリカ同時多発テロ／アフガンへ報復戦争・
2002	11	(東・中・関)電力争議解決七五三コンサート (中部、関西、東京の3ヵ所)		
	創作曲	㉖ **(関)「指輪」(栗木英章:勝功雄・(補作)林　学)** (関)「仲間のメッセージ」(野沢耕二)／(関)「灯をともして」　(大内浩司)		
2003				有事関連３法成立
2004		「日うた」in沖縄(宜野湾市)	6	９条の会発足
2006			12	改正教育基本法成立
2007			5	改憲手続きのための国民投票法成立
			10	郵政民営化スタート
2008		劇団名芸『七つの子』(作・演出:栗木英章)上演	9	リーマン・ショック
2009	11	(関)関電争議勝利10周年記念集会:合唱構成劇		
	創作曲	㉗ **(関)「僕ら関西の若者群団」(作詞・作曲勝功雄)**		
2011			3	**福島原発メルトダウン　　3・11東北大震災**
			*	国内全原発停止(42年ぶり)
2015			6	電気事業法等の一部を改正する法律 (電力自由化／2020年から発送電分離)

出典　3電力の争議団総括集および電力合唱団の記録、「中電うたごえ歌集」、合唱団おけら「うたごえ年表」他。

1. しあわせの歌

石原　健治　作詞
木下　航二　作曲

2. 黄色いゼッケン

浅井 正人 作詞
西三河青年合唱団 作曲

阪神センター合唱団 作詞
佐々木 ひろこ 作曲
勝 功雄 伴奏編曲

3. 良心の灯をもやそう

合唱
Pno.
E Am D G C
もうすぐはるがおとずれるように
ふ
B♭ Dm F C
きあれるあらしのなかで
け
Dm Gm C
さ
さずにまもってきたささやかなこのひ
F Gm C
あもやそう さ あもやそう だれ

3
合唱
Pno.
B♭ Am Gm C6 C C7 F
にも けせぬ 良心の灯よ さあ もや
Gm C B♭ Am
そう さあ もやそう やがて 一しょくばのち
C rit. F a tempo F7 B♭
からとなれ さあ もやそう さあ もや
B♭ C7 F
そう さ あー ー

4. ビラまきのうた

阪神センター合唱団 作詞
勝功雄 作曲

D F♯m Bm Em F♯m A7 A7
る し い さ べ つ に た え て き た ー は た
げ ま し あい な が ら ある き つづ け る ー は た
D G Em A7
ら く わ た し た ち の ね が い を こ め て
ら く わ た し た ち の ね が い を こ め て
D G E7 A7 D
い ち ま い の ー こ の ビ ラ 今日 も は じ ま る ー 2.こ ど
ガ ン バ ロ ー ー そ の こえ で 今日 も は じ ま
D
る
rit.
A7 D

5.腕ブランコ

浅井正人　原詞

西三河創作講習会　作曲

6. 大きく生きよう

油野 耕二　作詞
砂野　宏　作曲

7. いま 風に向かって

勝功雄 作詞・作曲

8. みそ汁の詩

野村 清澄 原詞
石黒真知子 作詞
林　学 作曲

9. 光は束となって

出木 みつる とそのファミリー　作詞・作曲
編曲　林　学

10. あしらの里

津青年合唱団・中電三重争議団　作詞

橋爪 和博・祖父江 昌弘　作曲

1番:女声 → 2番:男声 → 間奏 → 3,4番:混声

※ ″あしら″とは、南紀地方の方言で″わたしたち″の意である。

11. 胴づな一本

久野 剣治 作詞
中電創作グループ 作曲
山崎 昭広 原曲
林 学 編曲

ソ　レーひ　け　しあわせはこーぶ
ヤ　レーひ　け　おれたちゃ電　気屋
さ　ー　ヨ　イショヨ　イショ　ヨ　イショヨ　イショ
ヨ　イショヨ　イショ　ヨ　イショヨ　イショ　ヨ　イショヨ　イショ　ヨ　イショヨ　イショ
ヨイショ！
ヨイショ！

12. 涙で破れた菓子袋

山崎昭広　作曲

涙で破れた菓子袋

「母さん　あのね！　僕の席だけないんだって」　「帰れ！」といわれて　持って帰った菓子袋
あの日は友達の誕生会の日だった　みんなと一緒に食べたかったよ
涙で破れた菓子袋

「父さん　あのね！　僕は遠くても平気だよ」　一人ぼっちで通った二キロの道だけど
みんなと一緒に楽しく遊んだ幼稚園　笑顔がいっぱい　お友達
だから遠くても平気だったよ

呼んでも呼んでも　誰も振り向いてくれないよ　冷たい冷たい川の底に　僕ひとり
学校のように皆と一緒に遊べたら．．．
もう二度と皆と遊べない　二度と学校へも通えない

父さんの強くて太い腕の中　母さんのあったかい腕の中
僕はそこで生きているんだ

（詩　出木 みつる）

13.良心《こころ》の道標《みちしるべ》

今野 強 作詞
三上 芳樹 作曲

ぼ く
た ち の た た か い は ほ し を み あ げ る ー こ ど も の よ う に す ん
た ち の た た か い は ち い さ な ほ し く ず ー ぎ ん が の よ う に み ん
だ お も い と ふ く ら む ゆ め さ あ つ い な み だ を え み で つ つ ん で は げ
な が み ん な を ひ か ら せ る の さ ゴ ー ル が か す ん で ゆ ら い だ と き に
まし (は げ まし) は げ まし (は げ まし) は ぐ く ん で き た い ま
た し か な ー か が や き を ま し て ぼ く た ち の い き て く こ こ
ろ の み ち し る べ ぼ く べ

14. 雲に旗なびく

返田 満 原詞
山崎 昭広 原曲
89電力のうたごえ 作詞・作曲

15. 仲間のきずな

太田 春男 作詞
大野 文博 作曲

16. 俺たちの年輪

石黒真知子 作詞
林　学 作曲

ゆったりと(語るように)
む　おれたちは　むねをはり　とびらを　たた
く　おれたちは　りょうてをひろげ　てんを　ささえ
(ピアノ)
♩=72
る　そのときー　もりの　木々は
目をさまし　えだを鳴らすだろう　木という一木は
うたいもりが　うごきだす　木という一木は
うたいもりが　うごきだすー
1991.9.6～

17. 掛時計の贈り物

石黒 真知子 作詞
林　学 作曲

18. 閉じたままのその目に

作詞 出木 みつる

作曲 山崎 昭広

19. 亡き友よ

しんどう しげり 作詞

山崎 昭広 作曲

20. その日から

'93電力創作会議 作詞・作曲 & 林 学
出木みつる 原詩
山崎昭広 原曲

— 南島町の子どもたちに —

出木 みつる 作詞
林　学 作曲

21.芦浜の海はいつまでも

♩=112
ぼ く ら に き れ い な う み を
お ば ちゃ ん そ ん な の な い よ
か あ ちゃ ん そ ん な の おかし い よ
こ ー ど も ど ー う し しんゆう どう し
ぼ く ら は は ま を か け る よ
(2)
の こ そう と 父 さ ん 母 ー さん
か よ ちゃ ん こ け て 泣い た ら
が っ 校 では 仲 よ し コンビ で も
き ず つ け あう の は もう いや だ
い ー わ ツ バ メ の よ う に
原 発 ご め ん だ と さ け ん で る
あ ー ん ー た ど こ の ー 子 は ん たい 派の 子
か え っ ー て く ー れ ー ば あ そ ぶ な と
お か ね ー で つ ら れ る のは も う い や だ
友 情 ー は い つ ま で も つ づ け た い
か よ ちゃん の 父 さん も 怒 っ て る
か お だ け のぞ い て い っ ちゃ っ た
お ー な じ 古和 浦 の こ ど も なの に
う ー み は いつ まで も き れ い ー に
あ し 浜 の う み は い つ ま で も

22. 風を頬に感じて

出木みつる 作詞
山崎 昭広 作曲

Moderato

23. 紫陽花のたより

出木 みつる 作詞
山崎 昭広 作曲

24. 君の涙

（勝利判決の日に）

出木 みつる 作詞
山崎 昭広 原曲

25.「人権列車」が走る

近藤正博 作詞
砂野 宏 作曲

26.指輪

栗木 英章 作詞
勝 功雄 作曲
林 学 補作

27.僕らは関西の若者群団

勝 功雄 作詞・作曲

32
C
か　グー　イッ　グー　イッ　グイッグイッグイッグイッ　グー　イッ
(間奏)
[なーんや、遊び　ばっかり　やんか～ヽ(ˆoˆ)ﾉ　]
2.
Am　Dm　Am　Dm　C7
F　C　Dm　G7
あきは　とまりがけ　がくしゅうかい
Am　Em　G7　C
まなべばあした　が　みえてくる
(間奏)
[弁証法の　今日的意義について　(*ˆˆ)v　[社会発展の　法則とは～　＼(ˆoˆ)／　]
Am　Dm　Am　Dm　G7
C　Dm　G7　C
3.ぼくらかんさいの　わかものぐんだん
[比較的～　=ˆ_ˆ=]
C　G7　C　C7
いつもたのしく
なかまー　なかまーー
なかまー　ー
F　G7　C　G7　C
づくり　アー　アー　ホッ！